성·지·순·례
이집트
EGYPT

| 이준교 지음 |

쿰란출판사

머리말

필자가 지금으로부터 20년 전, 그러니까 1990년 8월에 《이집트 파노라마》라는 책을 출간했다. 애굽(이집트)의 성경 역사 및 고대 유적지 안내서이다. 1984년부터 수년간 재 이집트 한국 거류민회보를 통하여 이집트 안내의 글을 발표한 것을 한데 모아서 책으로 낸 것이다. 그 이후 두 번에 걸쳐 수정증보판을 출간했다.

그동안 이 책은 이집트 안내자들의 안내서 역할을 해왔다. 이집트의 유적지들을 성경적인 관점에 접근해서 안내해 주었기 때문에, 특별히 기독교인 이집트 여행객들에게는 적지 않은 도움을 준 책이라고 할 수 있다.

제1판과 2판은 《이집트 파노라마》라는 이름으로 출판했고, 제3판은 《성지순례 - 이집트》로 출판했다. 이 책이 품절되었는데 시중 서점에서 이 책을 찾는 이들이 다수 있다기에 이번에 다시 제4판을 내어놓게 되었다.

《성지순례 이집트》 제4판은 모두 4부로 구성되어 있다. 제1부는 애굽과 성경 역사, 제2부는 애굽의 유적지 안내, 제3부는 애굽의 기독교 유적지 안내, 그리고 제4부는 이집트 여행자들을 위한 실용 안내이다. 이 책을 읽는 이로 하여금 애굽을 성경에 보다 가까이 접근해서 이해할 수 있도록 최선을 다하여 만들었다.

그동안 이 책의 모든 내용을 활자화하고 60매에 이르는 사진을 찍어서 삽입하여 준 필자의 아내 김수련 선교사의 노고를 고맙게 생각한다.

그리고 이 책의 출판을 맡아 준 쿰란출판사 대표 이형규 장로님과 직원 여러분에게 감사의 말씀을 드린다.

2010년 3월 15일
카이로에서 **이준교**

차례

■ 머리말 • 2

제1부 애굽과 성경역사

1. 애굽에 내려온 히브리인들 • 10
2. 사브낫바네아 • 14
3. 힉소스 시대 • 17
4. 애굽의 제18왕조 • 19
5. 텔 엘 아마르나 • 27
6. 출애굽에 관한 이야기(1) • 31
7. 출애굽에 관한 이야기(2) • 38
8. 애굽의 기독교 • 50
9. 애굽에 내려온 성가족 • 58

제2부 애굽의 유적지

1. 기자의 피라미드 • 74
2. 기자의 스핑크스와 바로왕의 보트 • 86
3. 카이로 국립박물관 • 94
4. 멤피스와 사카라 • 110
5. 신왕국 시대의 수도 룩소 • 124
6. 알라메인과 시와 오아시스 • 140
7. 아스완과 아부심벨 • 148

제3부 애굽의 기독교 유적지

1. 시내 산 탐방 안내 • 152
2. 고센의 수도 온과 소안 • 161
3. 다바네스와 비베셋 • 166
4. 알렉산드리아 탐방 안내 • 169
5. 와디 나투룬의 성 마카리우스 수도원 • 186
6. 성 안토니 수도원 • 194
7. 하르가 오아시스와 엘 무하락 수도원 • 202
8. 구 카이로 • 207

차례

제4부 애굽 여행자들을 위한 실용 안내

1. 개관 • 216
2. 여권, 비자, 노동 허가 • 218
3. 카이로 여행 • 220
4. 시외(고속)버스 여행 • 223
5. 애굽인들의 생활풍습 • 226
6. 종교 • 231
7. 교육 • 235
8. 박물관 안내 • 239

■ 참고문헌 • 242

이집트 아랍 공화국

이집트의 공식적인 나라 이름은
이집트 아랍 공화국
(Arab Republic of Egypt, A.R.E.)이다.
이집트는 현재
이슬람교가 전체 인구의 약 82퍼센트이며
기독교 인구는 17~18퍼센트이다.
인구는 2009년 7월 말
7800만 명이며
그중의 43%가 도시 인구이다.
이집트의 전체 면적은
1,000,450평방킬로미터로
우리나라 남북한 전체 면적의
4.6배에 해당하며
전체 면적의 95퍼센트가 사막인
나라이다.

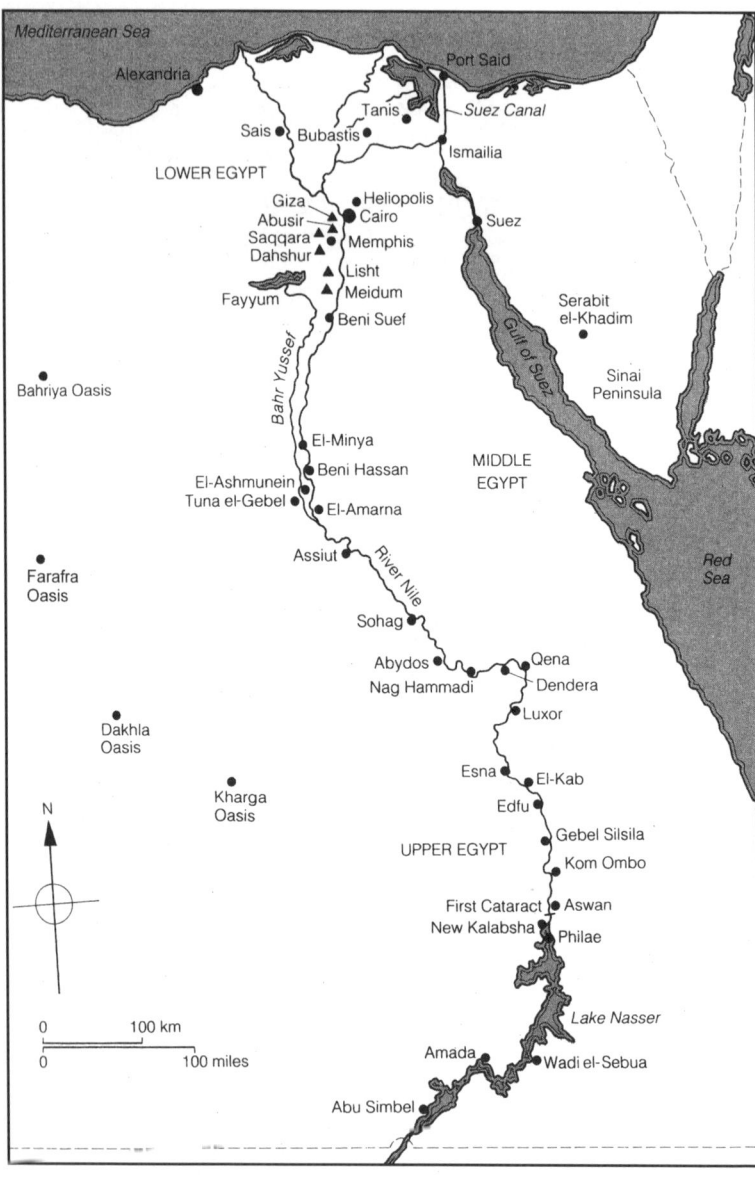

제1부 애굽과 성경 역사

1. 애굽에 내려온 히브리인들
2. 사브낫바네아
3. 힉소스 시대
4. 애굽의 제18왕조
5. 텔 엘 아마르나
6. 출애굽에 관한 이야기(1)
7. 출애굽에 관한 이야기(2)
8. 애굽의 기독교
9. 애굽에 내려온 성가족

1

애굽에 내려온 히브리인들

언젠가 서울에서 성지순례 차 애굽에 들른 관광객들을 안내하게 되어 기자의 피라미드와 스핑크스가 있는 데에 함께 간 적이 있습니다. 피라미드와 스핑크스 앞에서 기념사진을 찍고 또 피라미드 내실 깊은 데까지 들어가 보았습니다. 정말 대단하다고 감탄하면서 여러 가지 질문을 하기도 했습니다.

필자가 아는 지식으로 피라미드에 관계되는 이야기와 스핑크스에 얽힌 재미있는 이야기들을 하면서, 이처럼 규모가 큰 것은 이곳 외에는 없지만 애굽에는 이와 같은 피라미드가 모두 80여 개가 있다고 하는 이야기부터 시작하였습니다.

피라미드 건축 시대는 애굽 역사에서 볼 때 고대 왕국 제3왕조에서부터 제6왕조에 해당합니다. 이 시대를 가리켜 옛 왕조 시대, 혹은 피라미드 건축 시대라고 하는데, 대개 기원전 2690~2270년경에 해당한다고 설명하면서 이곳 기자 벌판에 있는 이들 세 피라미드는 제4왕조 때의 쿠후 왕과 카프레 왕 그리고 맨카프레 왕의 것들이라고 설명하였습니다.

사무엘 샤프의 《고대 이집트의 역사》라는 책에 의하면 이들 피라미드는 하나를 건축하는 데 20년이나 걸리고, 이 공사에 연 10만 명의 인력이 동원되었다고 말하였습니다. 그리고 이 피라미드를 짓는 데 소요된 돌이 자그마치 230만 개나 된다고 하며, 그 돌의 무게가 평균 2~2.5톤이고 가장 큰 것은 15톤이나 된다는 이야기를 할 때에는 놀라는 표정을 짓기도 하였습니다.

관광객 중의 한 분이 말했습니다. 이 피라미드를 쌓을 때에 그처럼 많은 인력이 동원되었다고 하는데 그들이 모두 애굽에서 종살이 하던 히브리인들이 아니었겠냐면서 숱한 고생을 하고 수많은 사람이 희생되었겠다고 하였습니다. 그런데 사실은 그렇지 않습니다. 구약성경 창세기 12장 10절 이하에 보면 애굽으로 내려온 히브리인들 가운데 아브라함의 이름이 나옵니다. 당시 애굽은 흉년을 모르는 나라였습니다. 나일 강 덕분입니다. 아브라함이 살던 팔레스타인에 흉년이 들자 흉년을 피하기 위해 가족들과 함께 애굽으로 내려와서 살았다는 내용이 기록되어 있습니다. 그 이전에 히브리인들의 애굽으로의 이동에 대한 이야기는 다른 아무곳에도 언급이 없습니다.

아브라함의 연대가 어느 때쯤 되는가 살펴보면, 역사가들의 공통된 견해는 대개 기원전 2100년경이라고 봅니다. 그런데 피라미드의 연대는 그보다 훨씬 이전이었습니다. 기자에 있는 피라미드들은 건축 연대가 적어도 아브라함 시대와는 500~600년 차이가 납니다.

그리고 출애굽기 1장 1-7절을 보면 아브라함의 후손 야곱이 권속을 데리고 애굽에 내려온 이야기가 기록되어 있습니다. 그러므로 이스라엘 자손이 애굽에 내려와서 430년 후에 출애굽하였다고 할 때 그들이 처음 내려온 것은 야곱이 가족 70인을 데리고 내려온 때입니다(신 10:22; 창 46:26-27). 야곱의 자손들이 애굽에 내려와서 출애굽할 때까지 430년 동안 나그네가 되어 종살이를 하며 학대 받으면서 살았습니다.

야곱이 애굽에 내려온 것은 기원전 1875년쯤이 된다고 보고 있습니다. 이 연대 산출은 구약성경 열왕기상 6장 1절에 근거한 것입니다. 열왕기상 6장 1절을 보면, 이스라엘 자손이 애굽 땅에서 나온 지 480년이요 솔로몬이 이스라엘 왕이 된 지 4년 시브 월 곧 2월에 솔로몬이 여호와를 위하여 전 건축하기를 시작하였더라고 하였습니다.

기스펜(W. H. Gispen)은 솔로몬이 왕 된 해를 기원전 969년이라고 보았습니다. 그렇게 볼 경우 솔로몬이 왕이 된 4년 되던 해는 기원전 965년이 됩니다. 그러므로 출애굽의 연대는 기원전 1445년으로 계산이 나오는 것입니다.

찰스 알링(Charles Aling) 박사는 고고학자요 구약학자로서 1972년과 1978년 두 차례에 걸쳐 직접 애굽을 답사한 적이 있습니다. 그가 쓴 《Egypt and Bible History》라는 책에서나 오병세 박사가 발표한 글에 의하면 그들은 출애굽의 연대를 기원전 1446년으로 주장하고 있습니다. 기스펜의 연대와 1년 차이가 나는 것은 그들은 솔로몬이 왕이 된 연대를 기원전 970년으로 보고 계산하였기 때문입니다. 야곱의 일가가 애굽에 내려온 것을 출애굽에서 430년 전의 일로 보아서 그렇습니다(출 12:40). 그때 야곱은 130세였습니다(창 47:9). 그러므로 야곱은 기원전 2005년에 태어난 셈이 됩니다. 이삭은 야곱을 낳을 때 60세였습니다. 그러므로 이삭이 태어난 연대는 기원전 2065년이 됩니다. 창세기 21장 5절에 보면 이삭이 태어났을 때 아브라함은 100세였다고 하였습니다. 그러므로 아브라함이 태어난 것은 기원전 2165년이라는 계산이 나옵니다.

그리고 창세기 12장 4절에 의하면 아브라함이 75세에 하란을 떠나 가나안으로 왔다고 했으니, 아브라함이 하란을 떠난 해는 기원전 2090년이 됩니다. 그 때 가나안에 흉년이 들어 아브라함이 식구들을 데리고 애굽으로 내려온 것으로 기록되어 있는 것입니다(창 12:10). 이렇게 보았을 때 그 연대는 대강 기원전 2090년경이라고 추측합니다(Gispen, p.24).

역사가 요세푸스는 야곱의 일가가 애굽에 내려온 것을, 애굽의 힉소스(Hyksos) 왕조 시대였을 것이라고 하였습니다. 그 이유로, 힉소스 족은 요셉과 혈통이 같은 셈족 계통의 종족이었기 때문에 요셉이 쉽게 국무총리를 할 수 있었을 것이라고 했습니다. 그러나 성경 연대와 요세푸스의 이론과는 연대가 잘 맞지 않는 어려움이 있습니다. 위에서 계산한 연대로 볼 때 아브라함이 애굽에 내려온 때는 애굽 역사로 말하면 제1중간시대(1st Intermediate Period)에 해당하며 야곱이 애굽에 내려온 연대는 제12왕조의 세소스트리스 시대에 해당됩니다. 힉소스 시대보다는 훨씬 그 이전이 되는 것입니다.

2

사브낫바네아

사브낫바네아는 요셉의 애굽식 이름입니다. 요셉이 애굽에서 총리대신이 되었을 때 바로 왕이 지어준 이름입니다(창 41:45).

야곱에게는 열두 아들이 있었습니다. 그중에서 요셉은 열한 번째 아들로서 야곱이 노년에 얻은 아들이었습니다. 어떤 학자들은 야곱이 90세쯤에 얻은 아들이었다고 합니다. 그는 부친 야곱이 연로해서 얻은 아들이었기 때문에 야곱의 사랑을 가장 많이 받으며 자랐습니다. 그렇기 때문에 그는 형들로부터 미움을 받았습니다. 요셉이 애굽에 내려온 것은 순전히 타의에 의한 것이었습니다. 그때 그의 나이 17세였습니다. 요셉이 이상한 꿈들을 꾸고 그 꿈 때문에 형들로부터 시기와 미움을 받아, 결국 가나안과 애굽을 왕래하던 상인들에게 팔려서 애굽까지 내려오게 된 것입니다.

요셉이 꾼 꿈의 내용은 대강 다음과 같습니다. 요셉이 꿈에 보니 밭에서 형제들이 곡식 단을 묶고 있었는데, 자기의 곡식 단은 일어서 있고 형들의 단이 요셉의 곡식 단을 둘러서서 절을 했습니다. 요셉이 그 꿈 이야기를 형들에게 하자 형들의 기분이 몹시 상하였습니다. 그리고 해와 달과 열한 별이 요셉을 향하여 절을 하고 있는 꿈을 꾼 적도 있었습니다. 요셉은 이 꿈을 아버지와 형들에게 서슴없이 이야기해 주었습니다. 이 일 때문에 요셉은 점점 더 형들의 미움을 사게 되었습니다. 그러던 어느 날 요셉이 세겜 근처에서 양을 치고 있는 형들에게 가까이 갔다가 그 길로 영영 아버지 곁을 떠나게 되는 불행을 겪습니다. 다시 말해, 애굽으로 팔려서 내려오게 된 것입니다.

요셉은 애굽에 내려와서 좋은 일자리를 얻었습니다. 애굽 왕 바로의 신하 보디발의 집 가정총무 직을 맡아보게 되었습니다. 보디발은 요즈음으로 말하면 내무장관이나 경호실장 정도에 해당하는 고위직 공무원이었습니다.

요셉은 그 집에서 사랑을 받으면서 잘 지냈습니다. 그후 한때 요셉은 환난을 당해 감옥에 갇힌 적도 있으나, 전화위복으로 그곳에서도 꿈을 해석해 주어서 일약 출세의 길에 들어서게 되었습니다. 바로가 꾼 꿈을 해석해 준 일로 인해 형무소의 죄수가 갑자기 총리대신이 되는 영광을 얻게 된 것입니다.

구약성경 창세기 41장 45절에 보면 바로 왕이 요셉을 들어서 총리로 세우면서 그의 인장반지를 맡기고 그에게 새로운 이름 곧 애굽식 이름을 지어 주었는데 그것이 곧 사브낫바네아 입니다. 그리고 그로 하여금 좋은 신부를 맞게 하여서 결혼까지 하였습니다. 요셉은 애굽에 내려와서 자리를 굳히고 살게 된 것입니다.

그후 가나안 땅에 또다시 흉년이 들었을 때 야곱은 그의 열 아들을 애굽으로 내려 보냈습니다. 물론 그 아들 요셉이 애굽에 살아 있는 줄은 꿈에도 몰랐습니다. 요셉의 형들이 애굽에 내려와서 요셉 앞에 나타나 절을 하고 식량 얻으러 온 내력을 이야기하였는데 그들 역시 그가 동생 요셉인 줄은 몰랐습니다. 그러나 요셉은 그들을 알아보고 그 옛날 자신이 꾼 꿈을 회상하여 보았습니다. 결국 야곱이 그의 가족들을 전부 데리고 애굽으로 내려오게 되었고 요셉은 바로 왕에게 간청하여 그들을 후대하였습니다.

그때 애굽에 내려온 야곱의 가족은 모두 70명이었다고 했습니다. 애굽의 바로는 그들로 하여금 삼각주 들판 가운데 고센이라는 지역에서 살게 해주었습니다. 고센은 다른 이름으로는 라암세스라고 부르기도 합니다. 그리고 후대에 히브리인들이 출애굽할 때 이스라엘 자손들이 모세와 아론의 인솔 하에 애굽을 떠나 출발하였던 곳도 라암세스입니다(민 33:3). 고센의 수도였던 온을 가리킨다고 보기도 합니다. 70인역에서는 이곳을 헬리오폴리스라고 번역했습니다. '태양의 도시'라는 뜻을 가진 이름입니다. 요즈음의 지명으로 말하자면 '알 마타리야' 입니다.

알 마타리야는 카이로 북쪽 자이툰 지역에서 조금 더 동북쪽으로 나아가면 이르게 됩니다. 마타리야 근처에는 한두 군데의 유적지가 있습니다. 그중의 하나는 제19왕조 때의 바로인 세티 1세의 태양신전터와 제12왕조 때의 바로인 세소스트리스 1세의 방첨탑이 아직도 남아 있습니다. 그리고 다른 한 곳은 후대에 내려와서 예수님의 가족이 애굽에 내려올 때 이곳을 들른 흔적도 볼 수 있습니다. 그 지역에는 '마리아의 나무'가 보존되어 있습니다. 이곳들에 관한 자세한 내용은 '고센의 수도 온' 부분을 참조하시기 바랍니다.

성지순례 이집트

A-1. 애굽의 상징 피라미드와 스핑크스
A-2. 카이로 시내 아베세야에 있는 성 마가 콥틱교회 (콥틱교회의 총본부가 있는 곳)
A-3. 아슈트 근처의 알 무하락 수도원 (아기 예수님이 애굽에 와서 피신하시던 곳)
A-4. 알렉산드리아 마가 요한의 순교 지점
A-5. 텔 엘 아마르나 아케나텐 왕의 무덤

성지순례 이집트

성지순례 이집트

B-1. 구 카이로의 아부사르가 교회 (예수님 피난 교회)
B-2. 구 카이로에 있는 성 조지 그리스 정교회
B-3. 고센의 수도 온에 있는 세소스트리스 1세(제12왕조)의 오벨리스크
B-4. 에덴 동산의 아담과 하와(콥틱 박물관 1층)
B-5. 알마타리이(온)에 있는 미리아의 나무

성지순례 이집트

성지순례 이집트

C-1. 카이로의 무캇담 근처에 있는 모하메드 알리 모스크
C-2. 성경 사본들, 콥틱 박물관 2층
C-3. 성경 사본을 넣었던 은상자, 콥틱 박물관 2층
C-4. 초대 기독교회의 벽화(콥틱 박물관 1층)
C-5. 예레미야 수도원 내부 모습(콥틱 박물관 1층)

성지순례 이집트

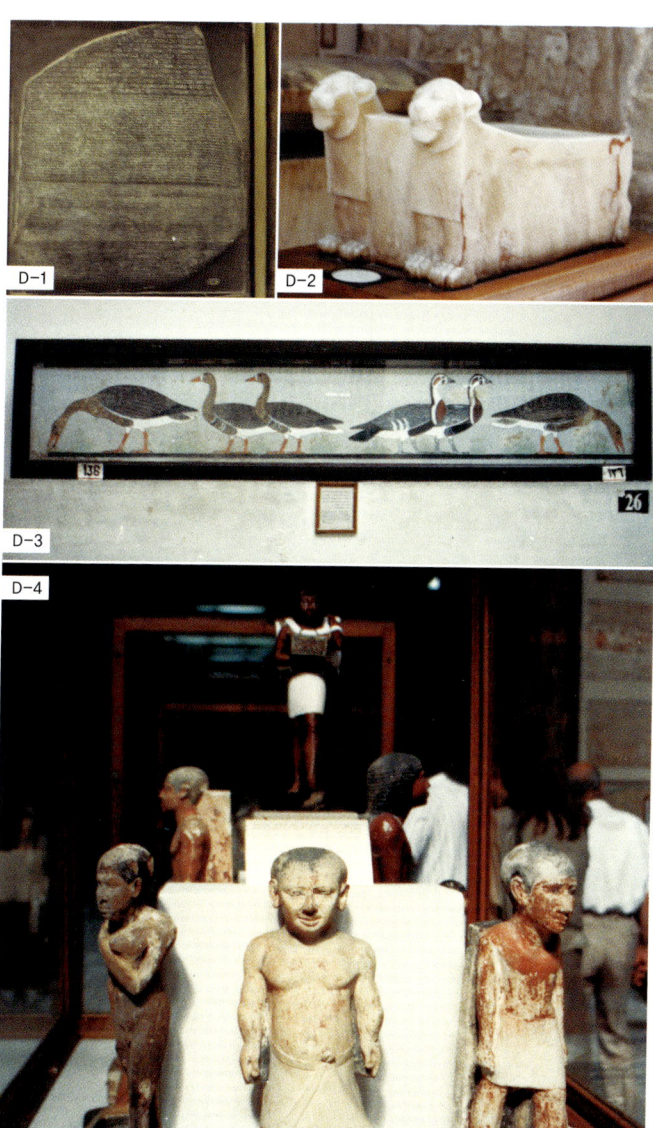

성지순례 이집트

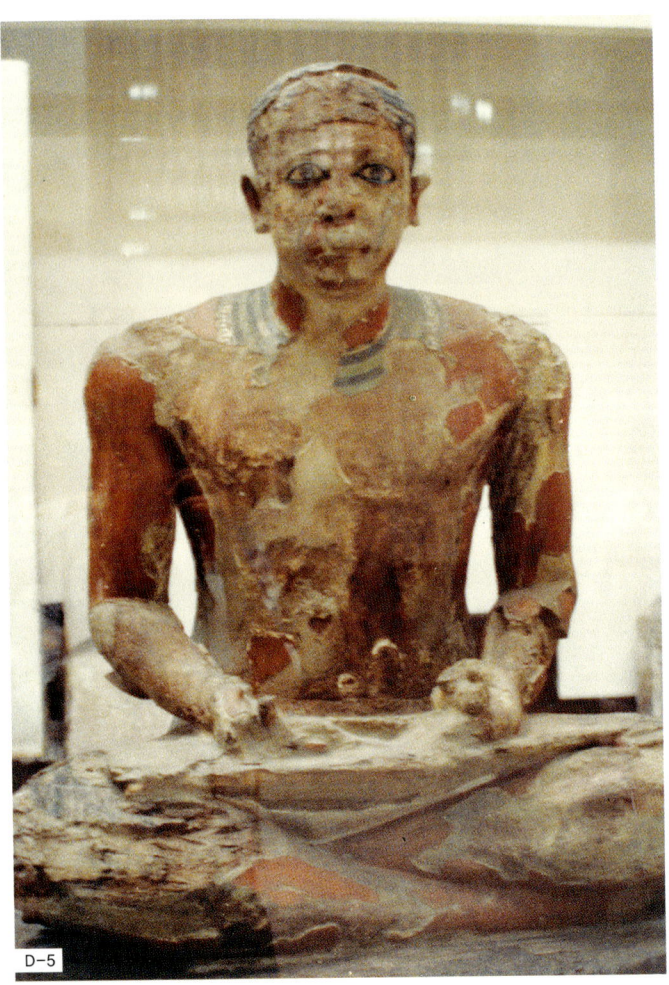

D-1. 로제타 스톤(카이로 박물관 1층)
D-2. 고대인들이 신에게 제사드릴 때 사용하던 알라바스타 돌로 된 제단
    (카이로 박물관 1층)
D-3. 메둠에서 발굴한 세계에서 가장 오래된 채색 벽화(카이로 박물관 1층)
D-4. 고대인의 하인이 등에 함을 지고 가는 모습(카이로 박물관 1층)
D-5. 파피루스 두루마리를 읽고 있는 학자의 모습(카이로 박물관 1층)

성지순례 이집트

E-1. 아멘호텝 2세, 제18왕조(카이로 박물관 1층)
E-2. 제18왕조 툿투모세 1세의 공주인 하셉슈트 여왕 (카이로 박물관 1층)
E-3. 투탄크아문 왕의 황금 마스크(카이로 박물관 2층)
E-4. 태양신을 숭배하고 있는 아케나텐 왕과 그의 가족(카이로 박물관 1층)
E-5. 미라의 모습(카이로 박물관 2층)

성지순례 이집트

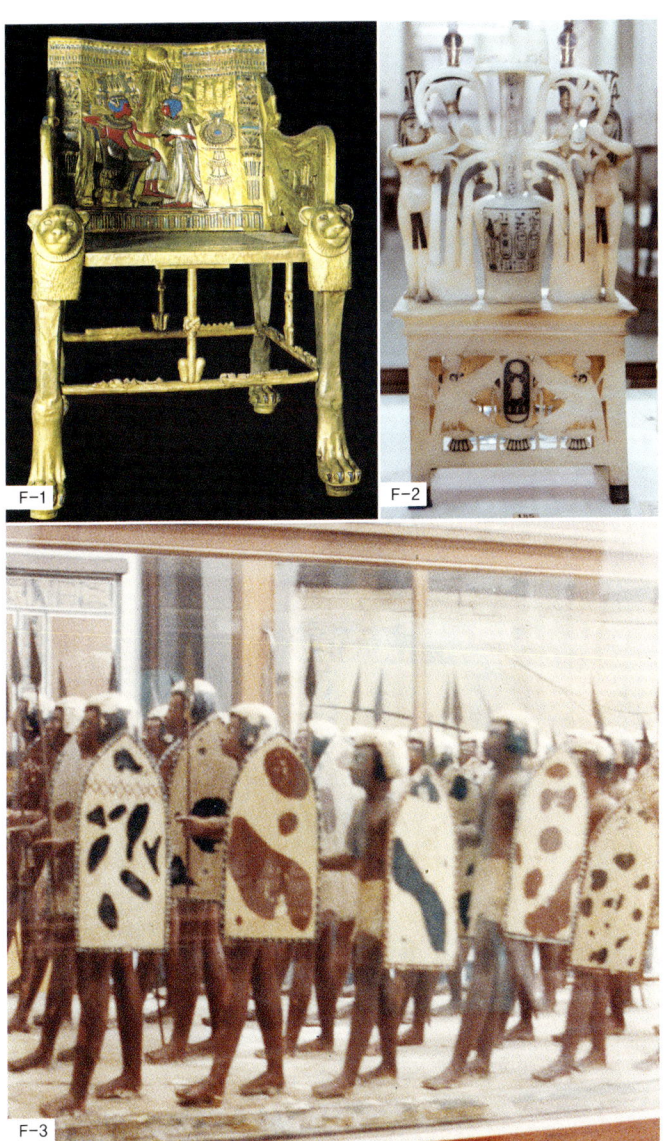

성지순례 이집트

F-1. 투탄크아문 왕의 황금의자(카이로 박물관 2층)
F-2. 투탄크아문 왕의 향수를 담았던 옥합(카이로 박물관 2층)
F-3. 옛 애굽의 병사들, 창과 방패를 들고 있음(카이로 박물관 2층)
F-4. 옛 바로들이 타던 전차(카이로 박물관 2층)
F-5. 투탄크아문 왕의 황금관(카이로 박물관 2층)

성지순례 이집트

G-1. 기자에 있는 체오프스 왕의 보트
G-2. 멤피스 박물관에 있는 람세스 2세의 석상
G-3. 카이로 동쪽 공항 길에 길게 늘어선 무덤들
G-4. 이드푸 신전
G-5. 사카라에 있는 계단식 피라미드

성지순례 이집트

H-1. 시내 산 성 캐더린 수도원 내에 있는 불붙은 떨기나무
H-2. 옛 애굽인들이 섬기던 황소신(알렉산드리아 박물관)
H-3. 나일 강의 신(알렉산드리아 박물관)
H-4. 메둠에 있는 세네페루 왕(제4왕조 첫 번째 왕)의 피라미드
H-5. 소하그에 있는 아부시노다 수도원

성지순례 이집트

힉소스 시대

애굽 역사에서 기원전 3200년까지를 가리켜 왕조시대라고 합니다. 이들 왕조시대는 다시 셋으로 나뉩니다. 자키와 알렉산더 공동 저작의 《고대 애굽의 역사》라는 책에 보면, 기원전 1785년에서 1580년까지의 시대를 '제2중간시대'로 호칭하고 이 시대에 속한 왕들로는 제13왕조에서 제17왕조까지로 손꼽고 있습니다. 제2중간시대 가운데에서도 특별히 제15왕조와 제16왕조의 약 100년간(기원전 1680~1580년)을 가리켜 힉소스(Hyksos) 시대라고 부릅니다.

이집트 역사에 있어서 힉소스 시대는 이방 민족의 통치 시대입니다. 힉소스 족은 아시아 계통의 셈족들로서 기원전 1710년경부터 애굽으로 내려오기 시작한 종족이라고 봅니다. 이들이 애굽으로 건너올 무렵의 애굽의 형편은 매우 힘없고 무기력하며 무정부 상태로 내적으로 매우 혼란한 상태였다는 것입니다. 따라서 이방인들이 들어오는 것을 막을 길이 없었습니다. 이방인들이 들어와 삼각주 지역에 거주하고 아바리스(Avaris)에 도읍을 정하고 모여서 살게 되었다고 합니다. 그들의 수가 점점 늘어감에 따라 또 당시 애굽의 사정이 혼란하고 나라의 힘이 연약한 것을 기회로 삼아 오히려 본토의 왕들을 몰아내고 기원전 1680년경부터 삼각주 지역과 상부 이집트의 북쪽 지방을 다스리기 시작하였다는 것입니다.

기원전 3세기 헬리오폴리스의 제사장이요 역사가였던 마네토는 힉소스 왕조에 대하여 이렇게 기록하였습니다.

"투리아마이오스 왕 때에 하나님이 애굽 백성들을 기뻐하지 아니하시므로 이방 족속들이 들어왔다. 그들은 큰 힘으로 쉽게 아무런 저항을 받음도 없이 애굽을 점령했고 그 땅의 통치자로 군림하게 되었다. 그들의 소행은 잔인무도하였다."

마네토가 말하는 이방족속, 곧 힉소스 족은 셈 계통의 히브리인이었음이 분명한 것 같다고 말하고 있습니다.

카이로에서 나일 강을 따라 남쪽으로 약 234킬로미터 내려가면 미니아라고 하는 그리 크지 않은 도시가 있고, 그곳에서 남쪽으로 11킬로미터쯤 더 내려가면 베니 하산이라는 곳에 이르게 됩니다. 그 일대를 가리켜서 텔 엘 아마르나라고 합니다. 그곳 역시 한때 고대 애굽의 도읍지였던 곳입니다. 베니 하산의 산중턱에 있는 옛 바로 왕들의 무덤 속에 들어가 보면 그곳 무덤 벽에는 수많은 그림(채색 벽화)들이 그려져 있는 것을 볼 수 있습니다. 그중 그넴호렙 2세의 무덤 속에 그려져 있는 벽화 가운데에서 힉소스 족들의 민족 이동에 관한 재미있는 그림들을 볼 수 있습니다. 텔 엘 아마르나는 룩소와 더불어 역사적으로 매우 귀중한 자료들을 제공하고 있는 유적지입니다.

4. 애굽의 제18왕조

 고대 애굽의 역사는 그 시대를 구분할 때에, 흔히 왕조이전시대와 왕조시대로 나눕니다. 왕조이전시대라고 하면 대개 기원전 3200년 이전시대를 말합니다. 그리고 왕조시대는 다시 세분해서 옛왕국시대(The Old Kingdom, 기원전 3200-2270년), 중간왕국시대(The Middle Kingdom, 기원전 2270~1570년) 그리고 새왕국시대(The New Kingdom, 기원전 1570~525년)로 구분합니다. 그 중에서 특별히 관심 있는 시대는 새왕국시대입니다. 이 시대가 애굽 역사에서 가장 번성했던 시대이며, 애굽을 성경 역사 측면에서 볼 때 특별히 그러합니다. 새왕국시대 중에서도 제18왕조시대가 중심이 된다고 볼 수 있습니다.

 애굽의 새 왕국시대를 왕조로 말하면 제18왕조에서 26왕조까지로 봅니다. 연대로 말할 때는 대개 기원전 1570년에서 525년까지라고 이야기합니다. 물론 그 이후에도 얼마간 더 왕조가 계속되었습니다.

 필자가 굳이 제18왕조를 거론하는 이유는, 앞에서 이야기한 것처럼 이 시대가 애굽 역사상 가장 국력이 강성하였던 시대이기 때문입니다. 말하자면 황금시대였습니다. 그리고 두 번째로 필자가 이 시대에 관심이 많은 것은 우리가 룩소 관광을 가든지 카이로 박물관을 구경하면 이 시대의 유물과 유적들이 상당 부분을 차지하고 있기 때문입니다. 룩소의 카르낙 신전, 룩소 신전 그리고 이른바 왕가의 무덤의 계곡(the Valley of Kings)에 자리하고 있는 역대 애굽 왕들의 무덤들 가운데 대부분은 역시 제18왕조 때의 것들입니다.

그러나 실제로 그런 것보다 필자가 더욱 관심을 가지는 이유는 이 시대에 히브리인들의 출애굽 역사가 이루어졌고, 출애굽을 인솔한 지휘자 모세가 바로 이 시대의 인물이었기 때문입니다.

제18왕조의 첫 번째 왕은 아흐모세 1세입니다. 아흐모세는 힉소스 족을 몰아내고 애굽을 통일한 바로였습니다. 아흐모세는 25년 동안 통치하였다고 합니다. 그의 아내는 아흐모세 네페르티리인데 아흐모세의 친누이동생이기도 합니다. 옛날부터 애굽은 친족 결혼을 했습니다. 지금도 그렇습니다. 다만 지금은 친형제간에는 결혼을 하지 않습니다. 아흐모세에게는 한 명의 아들과 세 딸이 있었습니다. 아흐모세의 뒤를 이은 사람은 아멘호텝 1세로서 18왕조의 두 번째 바로입니다.

아멘호텝 1세의 시체를 넣어 두었던 관은 카이로 박물관 1층 8호실에 고적번호 3874번으로 매겨져 있습니다. 그의 미라도 보존되어 있어 박물관 2층 미라실에 안치되어 있습니다. 2층 미라실은 별도 요금을 내고 관람할 수 있습니다. 아멘호텝 1세, 툿투모세 1세, 람세스 2세 등의 미라를 관람할 수 있습니다.

필자가 본 바로는 아멘호텝 1세는 체구가 매우 작은 반면에 건강한 체구였다고 생각됩니다. 아멘호텝 1세는 20년 동안 통

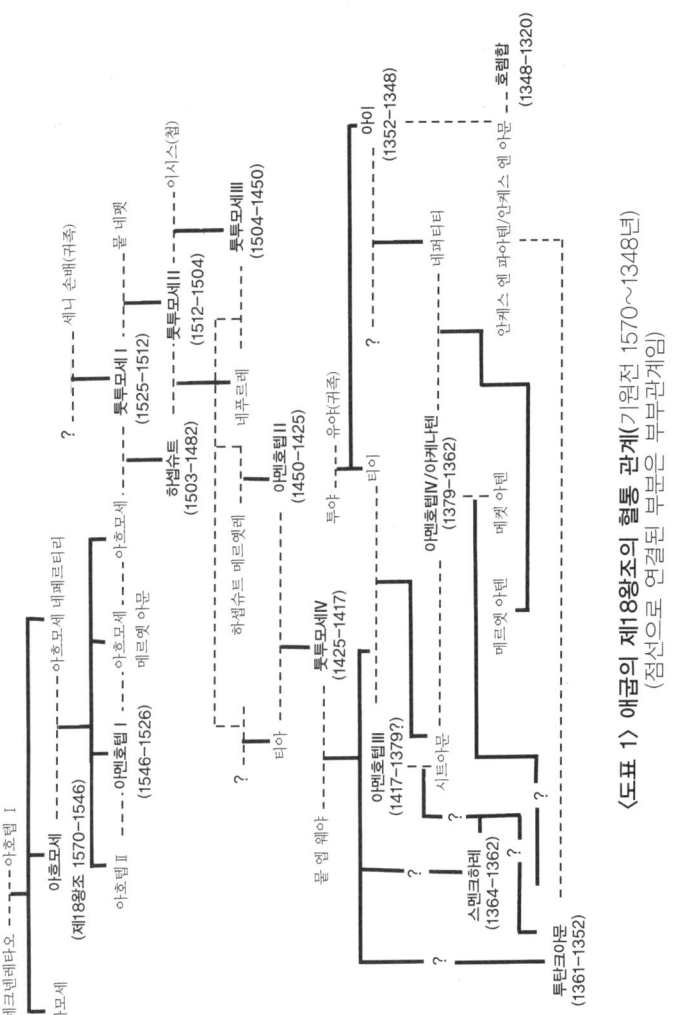

〈도표 1〉 애굽의 제18왕조의 혈통 관계(기원전 1570~1348년)
(점선으로 연결된 부분은 부부관계임)

4. 애굽의 제18왕조 21

치하였습니다. 아멘호텝 1세의 뒤를 이은 사람은 툿투모세 1세입니다.

툿투모세 1세는 아흐모세 1세와 그의 또 다른 부인인 세니손배와의 사이에서 난 아들이라고 합니다. 그는 그의 이복누이인 아흐모세와 결혼하여 왕위를 이어받았습니다.

툿투모세 1세는 짧은 기간 동안(기원전 1525~1512년) 나라를 다스렸으나 많은 일을 하였습니다. 누비아와 시리아, 유럽 등지까지 원정을 가기도 하였다고 합니다. 그와 아흐모세 사이에 태어난 사람이 바로 유명한 하셉슈트 공주입니다.

하셉슈트는 공주로서 후에는 실질적인 왕이기도 하였습니다. 출애굽의 역사를 주도하였던 이스라엘의 선지자와 민족의 영도자였던 모세가 바로 이 시대에 태어났다고 보는데 그 근거는 구약성경 열왕기상 6장 1절에 나타나 있습니다. 이스라엘의 출애굽 사건에 대하여는 다음 장에서 말씀드리겠습니다.

하셉슈트는 툿투모세 2세의 정부인입니다. 툿투모세 2세는 이복누이인 하셉슈트와 결혼하였습니다. 그리고 그에게는 이시스라는 또 다른 첩이 있었습니다. 이시스의 석상이 카이로 박물관 1층 12호실에 있습니다. 고유번호 424번입니다. 툿투모세 2세와 이시스 사이에 태어난 아들이 툿투모세 3세입니다. 툿투모세 2세는 정부인인 하셉슈트와의 사이에서는 아들이 없었습니다. 딸 하나만 있었는데 네푸르레입니다. 그리고 툿투모세 2세는 일찍 죽었습니다(기원전 1512~1504년).

툿투모세 2세가 죽었을 때 그의 아들 툿투모세 3세는 아주 어린 나이였습니다. 그래서 하셉슈트가 약 20년 동안 섭정을 하였습니다. 사실상 여왕으로 군림한 것입니다. 하셉슈트의 신전이 룩소의 나일 강 서편 '왕가의 계곡' 건너편 산 밑에 있습니다. 그리고 붉은 화강암으로 된 하셉슈트의 석상이 카이로 박물관 1층 12호실에 있습니다(고유번호 6013, 6014년).

특이한 것은 그는 여자이면서도 남자의 마스크를 하고 있다는 것입니다. 툿투모세 3세의 모습입니다. 턱수염까지 붙여 놓았습니다. 카이로 박물관에는 하셉슈트의 스핑크스도 있는데 그것 역시 그러합니다. 그런데 그의 석상은 여기저기 많이 파손되어 있습니다. 학자들에 의하면, 그 뒤를 이은 툿투모세 3세가 그렇게 부수어 놓았다고 합니다. 일종의 정치 보복이라고 볼 수 있습니다.

어쨌든 하셉슈트가 죽은 후 툿투모세 3세는 명실상부한 왕이 되었습니다. 그후 그는 30년간 통치하였습니다. 툿투모세 3세는 역대 바로들 가운데에서 가장 포악한 왕이었습니다. 그는 여러 가지 업적을 남기기도 하였으나 그 시대에 애굽에 머물고 있던 히브리인들에게 심한 노동을 시키고 핍박을 가하기도 하였다고 합니다.

출애굽기 5장에 보면, 당시 이스라엘 백성들이 애굽에서 노역할 때에 흙벽돌 만드는 일을 하였다고 합니다. 처음에는 짚을 가져다주면서 흙벽돌을 찍으라고 하였습니다. 그러나 툿투모세 3세 때 와서는 흙벽돌 소용의 짚을 주지 않고 그들이 가서 스스로 짚을 구해다가 벽돌을 만들게 했습니다. 그러면서 이전에 만들던 수효대로 만들게 하면서 고생을 시켰다는 이야기가 있습니다.

툿투모세 3세의 부인은 네푸르레인데 하셉슈트와 툿투모세 2세 사이에서 낳은 딸입니다. 그의 이복누이입니다. 그는 그 이외에도 하셉슈트 메르옛레라는 또 다른 부인이 있었습니다. 그들 사이에 태어난 아들이 아멘호텝 2세입니다. 툿투모세 3세의 무덤은 룩소 왕가의 계곡에 있습니다. 그 무덤 속에 있었던 석상들이 카이로 박물관 1층 12호실에 있습니다. 그리고 툿투모세 3세의 모습을 새겨놓은 흰 대리석 석상은 박물관 1층 12호실 중앙부에 있습니다. 고유번호 428번입니다. 툿투모세 3세가 무릎을 꿇고 앉아서 그의 두 손으로 두 개의 술항아리를 받쳐 들고 있는 모습의 대리석 석상입니다.

툿투모세 3세의 뒤를 이은 바로는 아멘호텝 2세입니다. 아멘호텝 2세는 키는 작았으나 남자답게 생겼고 무술에도 능한 전사였습니다. 아멘호텝 2세 역시 그의 이복누이인 티아와 결혼하여 그 사이에 태어난 아들이 툿투모세 4세입니다. 아멘호텝 2세의 모습을 새긴 석상이 박물관 1층 12호실에 있고, 그의 무덤은 룩소의 왕가의 계곡 위쪽 오른편 골짜기에 위치하고 있습니다. 그 규모가 어마어마하게 커서 모두들 놀라곤 합니다.

툿투모세 4세는 아멘호텝 2세와 티아 사이에서 태어난 아들로서 그 뒤를 이은 왕이었습니다. 그러나 툿투모세 4세는 장자는 아니었다고 합니다. 장자가 아닌 아들이 어떻게 왕위를 이어받을 수 있었는가에 대한 이야기는 흥미 있습니다. 그리고 그 다음은 아멘호텝 3세가 왕위를 이어받습니다. 아멘호텝 3세가 룩소의 카르낙 신전을 짓기 시작한 왕이라고 하기도 합니다. 그는 왕족 출신인 티이라는 여인과 결혼하여 그 사이에서 아멘호텝 4세를 낳았습니다.

아멘호텝 4세는 제18왕조에서 열 번째 왕이었습니다. 그를 아케나텐 왕이라고도 부릅니다. 앞장에서 이야기한 것처럼 아케나텐 시대를 가리켜서 텔 엘 아마르나 시대라고도 하는데, 그가 왕이 되면서 도읍을 데베에서 텔 엘 아마르나로 옮기고 이름까지 바꾸었기 때문입니다. 그에게는 정부인인 시트아문과 제2의 부인인 네퍼티티가 있었습니다. 네퍼티티는 미인으로 이름 있는 여자였다고 합니다. 아케나텐의 뒤를 이어받은 바로는 스멘크하레입니다. 스멘크하레는 족보가 분명하지 않습니다. 일설에 의하면 그는 아멘호텝 3세와 시트아문 사이에서 낳은 아들이라고 합니다. 시트아문은 아멘호텝 3세와 티이 사이에서 태어난 딸인 동시에 아내가 되어 스멘크하레를 낳았다는 것입니다. 이쯤 되면 아무리 친족 결혼이라고 하더라도 너무한 것 같습니다.

그 다음 왕위를 이은 사람은 소위 투탄크아문입니다. 투탄크아문 역시 족보가 분명치 않습니다. 아멘호텝 3세와 티이 사이에서 난 아들이라고도 합니다. 투탄크아문은 불과 9~10세의 어린 소년이었을 때 왕이 되었습니다. 그러므로 실제적인 권력 행사는 귀족 출신인 나이 많은 제사장 아이나 장군이었던 호렘합이었을 것입니다. 투탄크아문은 또 일찍 죽었습니다. 그의 부인은 아케나텐의 딸인 안케스 엔 아문이었는데 그들에게는 아들이 없었습니다. 그의 무덤은 룩소의 왕가의 계곡에 들어가는 입구 근처에 있습니다. 그리 크지 않은 무덤입니다. 그의 무덤을 발굴한 것은 아주 최근입니다. 그러므로 그의 무덤 속에 들어 있었던 유물들은 하나도 도굴당하지 않고 있는 그대로 발굴할 수 있었습니다. 카이로 박물관 2층의 거의 절반을 투탄크아문 왕의 유물 전시장으로 할애하여 놓은 것을 보게 됩니다. 그것을 둘러보는 사람마다 놀라지 않을 수 없는 것은, 투탄크아문 왕 한 사람의 무덤 속에서 이렇게 굉장한 것들이 나왔다고 하는 사실입니다.

텔 엘 아마르나

애굽 고대 왕조 가운데 제11왕조에서 제18왕조까지의 기간 중에서 얼마 동안 특별히 제18왕조 후반기의 아케나텐 왕이 도읍하였던 곳이 이른바 텔 엘 아마르나입니다.

텔 엘 아마르나는 카이로 남쪽으로 약 245킬로미터 내려가 있습니다. 미니아에서 약 11킬로미터 더 내려가면 베니 하산이 있고 그 일대를 가리켜 텔 엘 아마르나라고 합니다. 지금은 물론 완전한 사막이요 모래 덮인 돌산으로만 남아 있는 곳이지만 수천 년 전 옛날에는 애굽의 수도였습니다. 기원전 1370년에서 1352년까지였습니다. 필자도 이곳을 한두 번 탐방한 적이 있습니다. 텔 엘 아마르나를 방문하면서 돌산 중턱에 파놓은 아케나텐 왕의 무덤 속을 들어가 구경하여 보았습니다. 굉장히 넓은 무덤입니다.

룩소에 있는 왕가의 계곡에 자리하고 있는 거대한 무덤들에 비하면 다소 작은 규모이지만 이것 역시 굉장한 무덤입니다. 거의 정방형으로 파놓은 돌무덤인데 그 넓이가 어림잡아 60-70평은 족히 될 것 같았습니다. 물론 지금은 텅 빈 무덤입니다. 그런데 그 넓은 무덤 내부의 사면 벽에는 빈틈없이 벽화가 그려져 있고, 거기에 그려진 수많은 그림들은 그 시대의 문화와 문명, 그 모든 것들을 설명하여 주는 귀중한 자료입니다.

거기에 그려진 벽화를 통하여 그 시대의 정치, 경제, 산업, 체육, 종교, 생활, 풍습들을 살펴볼 수 있습니다.

룩소의 무덤 내부와는 성격상 상당히 다른 점이 있습니다. 애굽 역사에 보면 아케나텐 왕은 24세에 왕이 되었다고 합니다. 왕이 된 지 6년 만에 도읍을 데베(룩소)에서 이곳 텔 엘 아마르나로 옮기고 새로운 도시로 건설하였다고 합니다. 그는 원래 아멘호텝 4세로 불렸는데 도읍을 옮긴 후 그 이름을 아케나텐으로 고쳐서 불렀다고 합니다. 아케나텐이란 이름의 의미는 '아텐에게 바쳐진 자' 입니다. 아텐은 태양신의 이름입니다. 그의 둘째 부인은 네퍼티티인데 그는 미인으로 이름이 나 있는 여자였습니다. 그래서 그런지 지금도 보면 여자들의 목걸이나 귀걸이 등 장식품에서 네퍼티티의 모습을 볼 수 있습니다. 텔 엘 아마르나에 있는 아케나텐의 무덤 앞에는 네퍼티티의 석상이 조각되어 있는데, 불행하게도 얼굴이 파손되어 있어서 그 모습을 찾아볼 수 없습니다. 텔 엘 아마르나 지역 가운데에서 유명한 곳은 베니 하산입니다.

나일 강변에서 약 1킬로미터쯤 사막으로 들어가면 강을 따라가면서 이어져 있는 돌산이 있습니다. 지금은 완전한 돌산입니다. 그러나 언제인지는 모르지만 여하튼 그 옛날 어느 때에는 돌산이 아니었을 것이라고 생각해 봅니다. 오늘 아랍 세계의 사막들이 다 그러하듯이 애굽의 사막 역시 사막이 되기 이전에는 울창한 밀림이었을지 모릅니다.

문숙영 씨가 쓴 《아랍》이라는 책에 보면 이와 같은 이야기를 하였습니다. '아라비아 반도가 태고부터 사막의 나라였을

까?'라고 질문하면서 윈클리와 카에라니 두 학자의 학설을 소개하고 있습니다. 아라비아는 원래는 매우 비옥한 땅이었다고 합니다. 그러던 것이 수천 년에 걸친 탈수 현상과 가뭄으로 땅은 건조해지고 냇물은 말라붙어버리고 그러는 동안에 오늘날처럼 사막이 되고 말았다고 주장하였습니다. 애굽 역시 마찬가지입니다. 나일 강 서쪽 사막 가운데에서 채취한 나무 화석들과 조개껍질들을 보아도 가히 짐작해 볼 수 있습니다.

여하튼 베니 하산에도 수백 개의 무덤들을 뚫어 놓았는데, 맨션아파트보다 더 큰 것부터 구멍가게같이 작은 것에 이르기까지 수백 개의 무덤이 산 중턱에 있습니다. 그런데 한 가지 주목할 것은 그 모든 무덤이 한결같이 산맥의 서쪽에만 있다는 것입니다. 동쪽에는 하나도 없습니다. 그것은 나일 강 하류 지역에 위치하고 있는 피라미드도 그러합니다. 모든 피라미드들이 다 나일 강 서편에만 있습니다. 다른 이유도 있는지 모르겠으나, 주요한 이유는 이 사람들의 종교적인 신앙에서 연유한 것이라고 봅니다.

그리고 그 무덤 속에 들어가 보면, 무덤의 주인공인 왕의 모습이 새겨져 있고 그 머리 위에는 태양이 그려져 있는 것을 어디서나 보게 됩니다. 태양을 머리에 이고 있거나 태양 광선이 그의 머리 위에 내려 비치고 있는 모습을 볼 수 있습니다. 이것 역시 그들의 신앙입니다. 고대 애굽 사람들은 태양신을 신 중의 제일 신으로 섬겼습니다.

텔 엘 아마르나에서 또 한 군데 찾아보아야 할 곳이 있습니다. 투나 엘 게벨입니다. 투나 엘 게벨에서 유명한 곳은 지하

무덤, 곧 카타콤입니다. 사막 한가운데 돌로 된 지하 무덤이 여러 군데 있습니다. 겉으로 보기에는 사막일 뿐인데 입구를 찾아 들어가 보면 사막의 지하에 커다란 무덤이 있습니다. 이것 역시 굉장히 큰 지하 무덤입니다. 내용은 다르지만 사카라에도 지하 무덤이 있고 알렉산드리아에도 있습니다. 사카라에 있는 것은 세라피움이라고 부릅니다.

투나 엘 게벨에 있는 카타콤 속에 들어가 보면 그곳에는 크고 작은 미라들이 놓여 있습니다. 짐승의 미라, 새의 미라 등 수많은 미라들을 구경할 수 있습니다.

어떤 분이 애굽을 둘러보신 후 애굽의 문명은 무덤 문명이라고 말했습니다. 사실 그런 점도 없지는 않습니다. 유적지라고 해서 가는 곳마다 무덤이요, 박물관에 내놓은 유물들을 보더라도 대부분 무덤에서 발굴해 놓아 둔 것밖에는 없으니 말입니다.

출애굽에 관한 이야기(1)

(모세의 출생, 열 가지 재앙, 바로의 마음)

출애굽을 주도한 사람은 모세입니다. 모세가 어느 시대의 사람인지 그리고 모세가 태어날 당시의 시대적 배경이 어떠하였는지 혹은 그가 자라난 환경은 어떠하였는지 등에 관한 이야기는 주로 출애굽기에 기록되어 있습니다. 출애굽기 1장 8절을 보면 요셉을 알지 못하는 새 왕이 일어나서 애굽을 다스렸다는 말씀이 있고, 그 부분을 계속 읽어 보면 당시의 시대적 배경을 짐작할 수 있습니다.

"그가 그 신민에게 이르되 이 백성 이스라엘 자손이 우리보다 많고 강하도다 자, 우리가 그들에게 대하여 지혜롭게 하자 두렵건대 그들이 더 많게 되면 전쟁이 일어날 때에 우리 대적과 합하여 우리와 싸우고 이 땅에서 갈까 하노라 하고 감독들을 그들 위에 세우고 그들에게 무거운 짐을 지워 괴롭게 하여 그들로 바로를 위하여 국고성 비돔과 라암셋을 건축하게 하니라"(출 1:9-11)고 했습니다.

또 "그러나 학대를 받을수록 더욱 번식하고 창성하니 애굽 사람이 이스라엘 자손을 인하여 근심하여 이스라엘 자손의 역사를 엄하게 하여 고역으로 그들의 생활을 괴롭게 하니 곧 흙 이기기와 벽돌 굽기와 농사의 여러 가지 일이라 그 시키는 역사가 다 엄하였더라"(출 1:12-14)고 했습니다.

그렇게 해도 자꾸만 히브리인의 수가 많아지고 창성하여지자 애굽 왕 바로는 히브리 산파들을 불러 히브리 여인이 해산할 때에 남자아이를 낳으면 죽여버리라고 하였습니다. 바로 이와 같은 때에 모세가 태어난 것입니다. 족보상으로 보면 모세는 이스라엘 열두 지파 가운데 레위 족속의 혈통에서 태어났습니다. 모세의 아버지는 아므람이었고 어머니는 요게벳이었습니다. 이들 사이에서 아론과 모세 그리고 미리암 이렇게 세 남매가 태어났습니다.

출애굽기 2장 1절 이하를 보면 요게벳이 모세를 낳아 석 달을 숨겨서 키우다가 더 숨길 수가 없게 되매 그를 갈 상자에 담아 나일 강 갈대 사이에 띄워 두었다고 하였습니다. 그리고 그 누이 미리암이 멀리 서서 지켜보고 있었는데, 때마침 바로의 딸이 목욕하러 강가로 나왔다가 갈대 사이에 버려진 상자를 보고 시녀를 보내어 가져다가 열어 보았더니 사내아이가 울고 있었다고 했습니다. 이때 아기의 누이가 나서서 공주에게 말하였습니다. 자기가 가서 히브리 여인 중에서 유모를 데려다 주겠다고 하고는 아기의 생모를 불러왔습니다. 바로의 딸이 그에게 삯을 줄 터이니 이 아기를 데려다 젖을 먹여 길러 달라고 하여 여인은 공주의 허락을 받고 아기를 데려다 젖을 먹이면서 키웠습니다.

아기가 꽤 자란 뒤에 어머니는 아이를 바로의 딸에게 데려다 주었고, 공주는 그 아이를 자기 아들로 삼고 물에서 건져내었다고 해서 그 이름을 '모세'라고 불렀습니다. 박윤선 박사의 출애굽기 주석에 의하면 출애굽기 1장 8절에서 말하는 이

요셉을 알지 못하는 바로는 제18왕조의 툿투모세 1세였을 것이라고 주장합니다. 그의 통치 연대는 기원전 1525~1512년까지로 봅니다. 그리고 역사가 요세푸스가 모세는 기원전 1520년경 애굽의 헬리오 폴리스에서 출생하였다고 했습니다.

헬리오 폴리스는 지금의 카이로 동북방 곧 델타 입구 지역입니다. 카이로 현지의 전설적인 이야기들에 의하면 모세를 건져낸 나일 강의 지점은 여러 군데 있습니다. 그중의 한곳이 카이로 남쪽 바로 마아디 입구의 나일 강변입니다. 카이로 시내에서 마아디로 들어오는 입구를 조금 더 지나 헬완 쪽으로 내려가다 보면 길 오른쪽 강가에 성 마가 교회라고 부르는 오래된 콥틱교회가 있습니다. 그 교회가 위치한 바로 앞 강변이 모세를 건져낸 곳이라고 이야기합니다. 사실은 알 수 없으나 아직도 그 앞에는 그럴듯한 갈대숲이 예나 다름없이 우거져 있고 입지적인 조건이 그럴듯한 곳입니다.

필자는 카이로에 관광 오는 분들 중에서 특별히 모세를 건져낸 나일 강 지점을 보고 싶다는 분들을 위해 이곳으로 안내하여 드립니다. 그리고 갈대숲과 멀리 건너다보이는 대추야자 나무들을 배경 삼아 기념사진을 찍게 하곤 합니다.

모세가 장성하여 성년이 된 후 그는 우연한 일로 밖에 나갔다가 히브리인과 애굽인이 싸우는 것을 보게 됩니다. 애굽인 하나가 동족인 히브리인을 때리는 것을 보고 그는 이리저리 살펴 사람이 없는 것을 확인하고 애굽인을 쳐 죽여 모래 속에 묻어버렸습니다. 이튿날 다시 나갔다가 이번에는 히브리인들이 서로 맞붙어 싸우는 것을 보고 잘못한 자에게 왜 동족끼리 싸우느냐고 나무랐습니다. 그 사내는 모세의 전날의 일을 알고 있었고 또 그 일을 이야기하였습니다. 이리하여 모세는 바로의 궁중을 피하여 도망칠 수밖에 없게 되었습니다. 그 후 40년 동안 모세는 시내 광야 일대에서 양을 치는 유목민의 신세가 되었습니다. 이것이 모세의 제2기 인생입니다.

모세가 하나님의 소명을 받은 것은 그가 나이 80세였을 때였습니다. 시내 산, 일명 호렙 산 중턱에서 양을 치고 있을 때에 하나님께서 그를 불러 그에게 동족 구원의 명령을 내리셨습니다. 명령을 받은 모세는 그의 형 아론과 함께 바로 왕 앞에 나타났습니다. 그때 모세는 80세였고 아론은 83세였습니다. 모세와 아론이 바로에게 이스라엘 자손들을 놓아 보내 달라고 청원하였지만 바로의 마음이 강퍅하여 그들의 말을 듣지 않았다고 했습니다.

출애굽기 7장 이하에서 10장까지를 읽어 보면 모세가 바로 앞에 무려 열 차례나 찾아가서 자기 동족 이스라엘을 놓아 보내 달라고 요청한 사실이 나옵니다. 그때마다 바로는 모세와 아론에게 이적을 보이라고 요구합니다. 처음에는 아론이 지팡이를 던져서 뱀이 되게 하였습니다. 바로 역시 박사와 술객들을 시켜서 지팡이를 던지면 뱀이 되었습니다. 그러자 바로의 마음이 더욱 강퍅해져서 백성 보내기를 거절합니다.

그 다음에는 지팡이로 나일 강물을 치자 하수가 피로 변했습니다. 이것이 소위 피 재앙입니다. 이 때문에 하수의 고기가 죽고 물에서 악취가 나매 애굽 사람들이 하수를 마시지 못하게 되었습니다. 그러나 애굽 술객들도 자기 술법으로 그와 같은 이적을 행하였습니다. 바로의 마음이 강퍅하여 모세의 말을 듣지 않았습니다.

그 다음에 나타난 재앙이 개구리 재앙입니다. 온 천지에 개구리가 올라와서 덮어 개구리 소동을 이루었습니다. 애굽의 술객들도 자기 술법대로 이와 같이 개구리로 땅에 올라오게 하였습니다. 애굽의 마술사들도 실력이 대단했습니다. 그러므로 바로의 마음이 더욱 강퍅하여져서 그들을 듣지 않았다고 합니다.

그 다음 세 번째 재앙은 지팡이를 들어 땅의 티끌을 치매 이가 되어 사람과 짐승에게 덤벼든 재앙입니다. 바로의 술객들도 자기 술법으로 그와 같이 행하여 이를 내려 하였으나 하지 못했습니다. 그러나 바로는 그때에도 그들을 듣지 않았습니다.

그 다음 재앙은 파리 재앙입니다. 온 천지에 파리가 들끓게 되어 파리 소동이 벌어졌습니다. 애굽에는 지금도 파리가 많습니다. 그때의 파리가 아직도 남아 있어서 그런지 애굽의 파리는 지금도 지독한 것 같습니다. 바로 왕의 마음을 닮아서 그런지 지독합니다. 죽어 넘어지기 전에는 쫓아도 달아나지 않습니다.

어떤 애굽인 교수가 "바로 왕의 마음"이라는 글을 썼는데, 그 글에서 그는 예일 대학의 구약학 교수였던 차일드(B.C. Child) 박사의 말을 인용하여 다음과 같이 이야기했습니다. 구약성경 출애굽기 7장 3절을 비롯하여 9장 12절 혹은 10장 20절 등에서는 하나님께서 바로의 마음을 강퍅케 하셨다는 말씀이 있는데 이것이 바로 왕의 본래적인 성격이라고 하면서, 이는 비단 모세와 대결하였던 그 바로의 마음만이 아니라 이미 그 이전의 바로들에게서도 그런 성격을 찾아볼 수 있다고 했습니다. 이처럼 완강하고 강퍅한 바로의 마음은 그리고 약속을 잘 안 지키고 자기 편리한 대로 고집을 부리는 성격은 이미 예전부터 내려오는 바로 왕들의 마음이었다고 했습니다.

다섯 번째 재앙은 가축들이 병에 걸려 죽는 악질 재앙입니다.

여섯 번째 재앙은 독종 재앙입니다.

일곱 번째 우박 재앙입니다. 갑작스레 우박이 내림으로서 채소와 곡물이 우박을 맞았고, 나무들도 우박을 맞아 모조리 부러졌습니다. 그러나 이스라엘 백성이 사는 고센 땅에는 우박이 내리지 않았다고 했습니다.

여덟 번째 재앙은 메뚜기 재앙입니다. 온 땅에 메뚜기가 올라와 덮는 소동이었습니다. 메뚜기들이 곡식밭에 내려서 이삭을 다 잘라먹고 채소를 다 먹어버렸습니다.

아홉 번째 재앙은 흑암 재앙입니다. 흑암이 온 땅을 덮었습니다. 이처럼 아홉 번씩 무서운 재앙을 내렸으나 바로는 그때마다 보내 주겠노라고 하고는 재앙이 그치면 또 마음이 완강해져 이스라엘 백성을 보내지 않았습니다. 그처럼 강퍅하였던 바로였을지라도 열 번째 재앙이 내린 다음에는 완전히 항복을 하고 말았습니다. 장자가 죽는 재앙이었습니다. 참으로 엄청난 재앙이었습니다. 바로의 맏아들부터 온 애굽 백성들의 장자와 짐승의 첫 새끼까지 모조리 죽는 재앙이었습니다(출 11:5). 애굽의 온 천지는 어느새 울음바다가 되었고 초상나지 않은 집은 한 집도 없었습니다.

이렇게 마침내 이스라엘 자손들이 애굽을 떠나게 되었습니다. 이것이 히브리인의 출애굽 역사입니다.

출애굽에 관한 이야기(2)

(출애굽 사건의 역사성 논쟁, 연대 문제)

1983년 〈리더스 다이제스트〉에 기고한 로널드 쉴러의 "성서의 출애굽기는 사실인가?"라는 글을 그대로 전재하고자 합니다.

쉴러의 말대로 이 글은 미국 존스 홉킨스 대학교의 애굽 연구가인 한스 게딕 교수의 출애굽 사건에 대한 자신의 견해입니다. 물론 한스 게딕 교수의 주장을 지지하는 의미에서 이 글을 소개하는 것이 아닙니다. 그러나 부분적으로 수긍이 가는 면도 없지 않아 있습니다. 예를 들면 그가 이야기하는 출애굽 연대라든가, 그 근거로 내세우는 두 번째 증거 등은 필자 역시 그대로 믿고 있습니다. 그러나 동의하지 못할 부분들이 더욱 많이 있는 글입니다. 게딕 뿐만 아니라 고고학자들이나 성서학자들의 말이라도 그들이 성경의 오류를 이야기하면서 내세우는 주장에 관하여는 받아들일 수 없습니다.

여기 로널드 쉴러의 글을 소개하여 드립니다.

"고대 이스라엘 민족이 이집트에서 탈출한 이야기는 성경에서 가장 극적이고 영감에 넘치는 이야기 가운데 하나이다. 그것은 기독교인과 유대교도뿐만 아니라 회교도들이 다같이 받아들이는 중요한 기적이다. 그러니까 성서학자들 사이에서

통용되어 오던 이집트 탈출에 관한 상반되는 주장을 존스 홉킨스 대학의 이집트 연구가인 한수 게딕이 들고 나왔을 때 전 세계에 큰 화제가 된 것은 조금도 놀라운 일이 아니다. 대부분의 성서학자들은 만약 이집트 탈출이 사실이라면 이스라엘 사람들이 이집트에서 탈출한 시기는 기원전 13세기였을 것으로 믿고 있으며, 일부 학자들은 바다가 갈라진 기적은 가공의 이야기로 생각하고 있다.

그러나 게딕은 이스라엘 민족이 기원전 15세기에 이집트를 빠져나왔다는 증거를 제시한다. 그리고 그들을 추격해 오던 이집트 군대가 기적적으로 바닷물에 휩쓸려 익사했다는 것은 역사적 사실이라고 주장한다. 게딕은 세 가지 중요한 증거를 바탕으로 논란을 불러일으킨 자기의 가설을 내세우고 있다.

첫째 증거는 기원전 1490년에서 1468년까지 이집트를 통치한 하셉슈트 여왕이 남긴 상형문자로 된 기록이다. 게딕이 판독한 바에 의하면 그것은 아무족(이집트인들은 셈족을 그렇게 불렀다)에 관한 사실을 기록하고 있는데, 그들 가운데 세마우라는 이방인 집단이 끼어 살고 있었다는 것이다. 하셉슈트 여왕은 세마우인들이 그들에게 부과된 일을 태만히 했다는 이유로 그들에게 주었던 특권을 박탈했다.

여왕은 '신들이 역겨워하는' 그 무리들에게 이집트 땅을 떠나도록 허용했는데 그렇게 한 후 조상의 조상(게딕은 이 이집트인의 조상을 물의 신인 넘으로 보고 있다)이 불시에 나타났고 땅이 그들의 발자국을 삼켜버렸다는 것이다. 게딕은 이

것이 다름 아닌 이집트인들이 보는 이스라엘 민족의 탈출극이라고 설명한다. 파라오의 군대가 물에 빠져 죽은 대신 여기서는 이방인들이 익사했다는 뜻으로 쓰여 있다.

두 번째 증거는 이집트에서 탈출한 지 480년 후에 솔로몬 왕의 신전을 세웠다고 말하는 성경 구절이다. 그 신전은 기원전 970년경에 세워진 것으로 알려져 있다. 따라서 이 계산에 따르면 탈출은 기원전 15세기에 일어났다는 이야기가 된다.

세 번째 증거는 에게 해의 화산섬인 산토리니 섬의 대폭발이다. 그것은 기원전 15세기에 일어났는데, 인류 사상 최대의 천재지변 가운데 하나로 꼽힌다.

게딕이 성경과 고고학적인 증거를 끌어들여 재구성한 출애굽의 진상은 다음과 같다.

기원전 2000년에서 1500년 사이의 어느 시기에 가나안에서 살고 있던 이스라엘 민족의 조상들은 정식 초청을 받고 나일 강 삼각주 동부에 위치한 고센에 정착했다. 그들을 초청한 인물은 이집트 왕 밑에서 고관의 자리에 오른 요셉일 것 같다.

기원전 15세기 초 사태가 돌변했다. 요셉의 사적을 모르는(출 1:8) 사람이 새로 이집트 왕이 되자 이스라엘 민족은 비돔과 람세스를 건설하는 데 강제 동원되었다(출 1:11). 이 노예 생활에서 벗어날 길을 찾던 끝에 그들은 파라오 왕에게 조상의 땅으로 되돌아가게 해 달라고 요청했다. 그 요청은 하나님이 이집트인에게 열 가지 재앙을 내릴 때까지 받아들여

지지 않았다. 재앙 가운데는 3일 동안 대지를 캄캄하게 만든 암흑, 나일 강의 물과 모든 호수를 피로 물들이고, 물고기들을 죽이고, 개구리, 파리, 메뚜기 떼 등이 사람들을 괴롭힌 일, 사람과 동물들에게 유행병처럼 퍼진 악성 종기, 뒤이어 우박이 쏟아져 곡물을 망치고 대부분의 가축을 죽인 질병이 휩쓴 일, 그리고 이상하게 모든 이집트인 가정의 맏아이를 모두 죽인 재앙이 들어 있었다.

마침내 출국을 해도 좋다는 허가를 가까스로 내렸다. 모세가 이끄는 이스라엘 민족은 낮에는 구름기둥, 밤에는 불기둥의 인도를 받으며 사막을 여행했다. 그들의 출발 지점은 비돔이었을 것이라고 게딕은 확신하는데, 초기 가나안 정착민의 유물이 발견된 텔 엘 라타바의 고적 유적지가 바로 비돔의 옛 터전이라는 것이다. 이 민족 이동은 성경에서 블레셋 땅으로 가는 길(출 13:17)이라고 언급한, 시나이 반도로 통하는 북쪽 해안 루트를 따라 나섰던 것으로 보인다. 그러나 파라오는 생각이 달라졌다. 이스라엘 족을 다시 잡아오라고 이집트 군대로 하여금 병거 600대를 앞세우고 뒤를 쫓게 했다. 병거의 추적을 알아차린 모세는 남쪽 우회(광야 길로 돌아가게, 출 13:18)로 빠지려고 했지만 우회 작전은 실패하여 이집트 군대는 바로 뒤따라왔다.

히브리어의 '얌서프'는 갈대바다를 뜻하는데(후일 기독교인들이 그것을 홍해 곧 'Red Sea'라고 잘못 생각했다), 게딕은 이 갈대바다를 이집트인에게는 파피루스 늪으로 알려져 있는 발라 호수로 본다. 그것은 지금의 수에즈 운하 바로 서쪽에 있는 커다란 석호인 멘잘레 호에서 남쪽으로 수킬로미터 떨어져 있다. 뒤쫓아오는 적을 막을 지점을 찾던 이스라엘 사람들은 그 일대에서는 방어가 가능한 유일한 지형인 텔 하 조브라는 12미터 높이의 언덕 위에 포진하고 이집트 기갑부대는 그 밑의 저지대에 진 쳤을 것으로 게딕은 추측한다.

기원전 1477년쯤의 어느 봄날 이른 아침, 이스라엘 민족을 구하고 이집트 추격부대를 익사케 한 해일이 일어났다고 게딕은 말한다. 이 해일은 해발 900미터쯤 되는 산이 많은 산토리니 섬의 화산 폭발로 일어났다고 게딕은 믿으며 지질학자들이 그에 동조하고 있다. 폭발로 인하여 화산재 연기가 뒤섞인 기둥이 30킬로미터 공중 높이까지 치솟아 올랐다. 산토리니 섬의 잔해가 남아 있는 동부 지중해에서는 지금도 화산들이 이따금 산화철을 계속 뿜어내서 바다를 붉게 물들이고 물고기들을 죽이고 있다. 그리고 화산 폭발에 따라 일어난 기상이변은 강풍과 폭풍우를 가져오고 늪을 만든다.

지질학자들은 대지진에 따르는 현상들이 열 가지 재앙과 비슷하다고 말하고 있다. 이집트의 하천과 바다는 붉게 변색하여 물고기를 죽이고 개구리 떼를 물가로 내몰았을지 모른다. 하늘에 솟아오른 화산재는 3일간 대지를 뒤덮어 암흑 세계로 만들고 우박이 쏟아지게 할 수 있다. 강풍은 메뚜기 떼를 몰아와 남아 있던 곡물을 절단냈을 것이며 가축을 굶주리게 만들었을 것이다. 부패하는 동물의 시체와 새로 생긴 늪에서 번창하는 해충들이 가축과 사람들에게 질병을 가져왔을 가능성이 있다. 죽음이 창궐한 나머지 파라오가 다스리는 백성들이나 가축들 모두 처음 태어난 것들을 죽일 수 있었다.

화산 폭발은 성경에 나오는 열 가지 재앙을 설명할 수 있을 뿐만 아니라 낮에는 구름기둥, 밤에는 불기둥을 만들어주었을 가능성이 있다. 화산 연구가들은 산토리니의 화산 폭발은 950킬로미터밖에 떨어지지 않은 이집트의 나일 강 삼각주 상공에도 변화를 가져왔을 것으로 보고 있다.

화산 폭발로 터져 나올 것이 다 터져나간 다음, 섬에 남아 있던 산 덩어리는 해면 350미터 밑의 화산구 속으로 빠져들어 갔다. 그러자 높이 30미터가 넘었을 것으로 생각되는 해일이 뒤따라와 불과 3시간 후 산더미 같은 파도가 밀려와서 나일 강 삼각주를 연타하여 삼켜버렸다. 게딕을 비롯한 사람들의 의견으로는 홍해의 기적을 일으킨 것이 바로 산토리니의 해일이라는 것이다.

게딕은 산토리니 섬의 폭발은 기적이 아니라고 말한다. 그것은 비록 드문 일이긴 하지만 자연현상이다. 기적은 그 해일이 그처럼 결정적인 순간에 일어났다는 우연의 일치에 있다. 그러나 우연의 일치설은 게딕의 시나리오가 거의 그렇듯이 너무 지나친 억지라고 보는 성서학자들이 많다. 그를 비판하는 사람들은 이집트 학자로서 게딕의 권위는 인정하지만 그의 하셉슈트 비문 해석에 지나친 자의성이 있다고 지적한다. 그들이 읽은 바로는 이방인들의 특권을 박탈했다는 이야기가 한 마디도 없고 이방인이 주어진 일을 태만히 했다는 대목에 관한 언급도 찾을 수 없다는 것이다. 조상들의 조상은 물의 신인 넘이 아니라 태양신 아몬 라를 가리킨다는 구절은 이민

온 자들이 없어졌다는 뜻에 불과하다는 것이다.

성서연구의 권위자들은 구약성경에 나오는 숫자, 특히 이집트 탈출에서 솔로몬의 성전을 세울 때까지 480년이 흘렀다는 숫자를 크게 의심하고 있다. 기원전 13세기에 이집트 탈출이 있었다는 그들의 주장은 세 가지 사실을 토대로 하고 있다.

첫째, 람세스 도성을 이스라엘 민족이 세웠다는 진정한 뜻은 기원전 1290년에서 1224년까지 통치한 위대한 건설가 람세스 2세에 의해 세워진 도성을 의미하는 것으로 오랫 동안 생각되어 왔다. 둘째, 이스라엘 민족이 가나안을 정복할 때 파괴한 몇몇 도성을 발굴해서 나온 유물을 보면 그 도성들이 기원전 13세기 말경에서 12세기 초에 걸쳐 몰락된 것으로 여겨진다. 셋째, 성경에 보면(민 20, 21장), 이스라엘 민족이 통과해도 괜찮다는 허가를 못 받았기 때문에 에돔과 모압 왕국을 우회해서 가야 했다고 기록되어 있다.

역사적 증거 자료를 따진다면 이 두 왕국은 기원전 13세기 초, 어쩌면 그 이후에 가서야 겨우 자리를 잡았을 것으로 보인다. 하지만 이러한 주장 또한 얼마든지 반박이 가능하다. 람세스라고 일컫는 도성을 이집트 왕 람세스를 위해 지은 도성과 같다고 보는 견해는 캐나다의 이집트 학자 도널드 레드포드에 의하여 도전을 받고 있다. 그는 이 두 이름이 비슷하지만 근원이 다르며 의미 역시 다르다는 것을 증명해 보였다.

가나안에 있는 몇몇 도시가 이스라엘 민족이 쳐들어 온 시기라는 기원전 13~12세기에 파괴된 것은 사실이다. 그러나 반드시 이스라엘 민족에게 파괴된 것으로 볼 수는 없는 것이, 그 시기로 말하면 팔레스타인 일대에 끊임없는 전쟁이 계속되고 있던 무렵이기 때문이다.

영국의 고고학 관계 저술가인 존 빔은 이 지역에서 여러 번 파괴되고 다시 건설된 도성이 많다고 지적한다. 그 폐허지에서 발굴된 청동기 도기류로 측정한, 좀더 과학적인 연대를 제시하면서 그는 성경에 나오는 도성 중 9개 도성이 이스라엘 족에 의해 파괴됐다는 것이다. 그 가운데 여덟 곳이 기원전 15세기에 함락당했으며 13세기에 다시 유린당했을 가능성이 있는 곳은 불과 네 곳밖에 없다는 이야기이다.

놀라운 가능성은 15세기설과 13세기설이 둘 다 옳을 수 있다는 점이다. 현대 성서학자들은 한 가지 점에서 거의 일치된 확신을 보여주고 있는데, 그것은 이스라엘 민족이 이집트에 한꺼번에 들어간 것도 아니요, 한꺼번에 모두 떼지어 도망쳐 나온 것도 아니라는 것이다. 많은 전문가들은 적어도 이집트를 떠난 이스라엘 사람들은 두 개의 큰 집단이었을 것으로 추측한다. 성경에는 이스라엘 민족이 가나안으로 간 것에 대해 두 가지 상반된 일정이 적혀 있기 때문이다.

만약 이집트 탈출이라는 이스라엘 민족의 이동이 오랜 시기에 걸쳐 계속된 것이라면 첫 출발은 산토리니 섬이 폭발한 기원전 15세기에 있었고, 두 번째 탈출은 200년 후로 보아도 무방할 것이다. 따라서 첫 번째 집단은 후일 에돔과 모압이 차지한 지역을 통과했을 수 있고, 두 번째 무리는 이미 그 자리에 들어가서 나라의 기반을 굳힌 두 왕국의 영토를 통과하는 허가를 못 받았을 가능성이 있다.

그래도 아직 숱한 의문이 풀리지 않은 채로 남는다. 모세가 기원전 15세기에 해일로 살아남게 된 이스라엘인 이민 집단을 이끌었다면, 기원전 13세기에 역시 에돔과 모압을 우회하여 빠져나온 이스라엘을 그가 또다시 인도하였다는 것이 과연 가능한 일일까라고 의심하지 않을 수 없다. 그리고 탈출 중의 다른 기적들은 무엇으로 설명할 수 있겠는가? 다수의 전문가들은 그것이 선택 받은 민족에 대한 하나님의 염려하심이 지극함을 보여주기 위해 후세의 히브리 신학자들이 지어낸 교훈적인 우화일 것으로 받아들인다. 그런 데 반하여 문화인류학자들은 거의 모든 민족 전통의 밑바닥에는 진실의 근원이 있기 마련이라는 입장을 취하고 있다. 만약 열 가지 재앙, 구름기둥과 불기둥, 바다의 기적을 적은 성경 속에 그런 진실이 있는 것이라면 적어도 출애굽이 한 번은 기원전 15세기에 있었다는 쪽에 신빙성이 있다. 왜냐하면 우리가 아는 한 산토리니 섬 화산 폭발 이후에는 그런 기적을 설명해 줄 만한 천재지변이 일어난 것 같지 않기 때문이다.

한 가지 사실은 분명하다. 성서학자, 고고학자, 이집트 학자들 간에 벌어지고 있는 논쟁은 21세기에도 계속되고 있다는 점이다.

위의 글은 1983년도에 〈리더스 다이제스트〉지에 소개된 로널드 쉴러의 글입니다. 어떻든 이스라엘 백성의 출애굽 연대는 크게 두 가지로 대조되는 학설이 있습니다. 그 중의 하나는 이스라엘 백성이 출애굽한 것을 기원전 13세기, 곧 1290년이나 1250년이라고 주장하는 학설입니다. 기원전 13세기 출애굽설을 주장하는 중요한 이유를 들어 보면 다음과 같습니다.

첫째로 출애굽기 1장 11절을 보면 이스라엘 백성이 애굽 땅에서 종살이하면서 바로를 위하여 국고 성 비돔과 람세스를 건축하였다고 했습니다. 그런데 이 람세스라는 도성 이름은 람세스 2세(기원전 1304~1238년)의 이름을 따라 명명되었으니 이스라엘 백성은 그 후에 출애굽하였으므로 기원전 13세기라는 것입니다. 그러나 꼭 그렇게만 주장할 수 없다고 봅니다. 왜냐하면 람세스라는 이름이 이미 힉소스 왕조 시대부터 있었을 것으로 보는 것이 오히려 옳다고 봅니다. 람세스는 힉소스 시대의 도읍이었다고 보는 것입니다.

둘째로 미국의 고고학자 넬슨 그릿크의 주장에 따르면 기원전 13세기까지는 에돔과 모압과 암몬 땅에는 정착민들이 없었다는 것입니다. 그러나 이 주장 역시 민수기 20장을 깊이 읽어 보면 이미 그 이전부터 거기에는 정착민들이 있었다는 것을 알 수 있고 근래에 발굴된 고고학적 자료들이 이를 반박하고 있습니다.

하딩(G. L. Harding)이 암만 부근에서 도자기와 가정용품들의 발굴을 보고했는데, 그에 따르면 기원전 1600년경의 것들이라고 했습니다. 그리고 또한 1967년에는 암만 비행장의 활주로 밑에서 후기 청동기시대의 신전이 발굴되었습니다. 그리고 요단 동편 헤스본과 그 근방에서 도자기들이 발굴되었는데 그것은 요단 서편과는 다른 형태로 알려졌습니다. 그러므로 이상의 자료들에 의하면 요단 동편에 정착민들이 없었다는 견해는 잘못된 것이며 오히려 그 지역에 상당히 도시화한 문화가 존재했다고 말하고 있습니다.

그리고 셋째 이유는 기원전 13세기에 가나안의 도성들이 파괴된 것이 이스라엘 백성의 침입으로 말미암았다고 하는 주장입니다. 여리고 성의 파괴 문제는 갈스탕과 케논 사이에 논쟁이 되어왔습니다. 그러나 우리는 이 여리고 성의 붕괴가 기원전 15세기 말경이라고 하는 갈스탕의 말에 주목해야만 합니다. 그는 여리고 성의 제4부와 동 시대의 공동묘지에서 발견된 이름들이 제18왕조 왕들의 것이었고 아메노피스 3세 이후의 것은 없었다는 것입니다. 이것이 사실이라면 이스라엘 백성의 출애굽은 기원전 15세기가 된다는 말입니다.

이스라엘 백성의 출애굽 연대에 관한 또 다른 주장은 기원전 15세기 학설입니다. 이 학설의 근거는 열왕기상 6장 1절과 사사기 11장 26절의 말씀입니다. 먼저 열왕기상 6장 1절의 말씀을 보면 이스라엘 자손이 애굽 땅에서 나온 지 480년이요 솔로몬이 이스라엘 왕이 된 지 4년 시브 월 곧 2월에 솔로몬이 여호와를 위하여 전 건축하기를 시작하였다고 기록하고 있습니다. 오병세 교수는 솔로몬이 왕이 된 연대는 970년으로 계산하여 출애굽 연대를 기원전 1446년이라고 주장하였습니다. 그러나 기스펜(W.H. Gispen)은 1445년이라고 했는데 그것은 크게 문제될 것이 없습니다.

사사기 11장 26절의 말씀은 입다가 암몬 사람들에게 한 말인데, 이스라엘 백성이 요단 동쪽 땅에 들어온 지가 이미 300년이 되었다는 이야기입니다. 입다는 이스라엘 제8대 사사였고, 그 이후에 네 명의 사사들이 있었으며, 또 사무엘과 사울과 다윗과 솔로몬이 이스라엘을 다스렸습니다. 솔로몬의 즉위 제4년이 기원전 966년이라고 하면 입다의 때는 기원전 1100년경으로 추산됩니다. 그러면 입다가 자기 시대까지가 출애굽 후 300년이 된다고 하였으니 팔레스타인에 들어온 연대는 기원전 1400년이 된다는 것입니다. 이 연대는 40년의 광야 생활의 수를 더하면 1440년경으로, 전통적인 출애굽의 연대가 산출되는 것입니다.

이상과 같은 두 가지 주장이 있다고 볼 수 있으나 성경이 진실이요 틀림없이 정확한 책이라고 하면, 결국 출애굽의 연대는 기원전 1445~1446년이었다고 보는 것이 정확하다고 할 수 있겠습니다.

8 애굽의 기독교

1. 기독교의 전래

애굽에 기독교가 전래된 것은 기원 1세기 중엽이었다고 봅니다. 애굽의 기독교는 마가 요한의 애굽 선교에서 시작된 것으로 추정합니다(Otto Meinardus, *Christian Egypt Ancient and Modern*, pp.2-3).

성 마가는 신약성경 마가복음의 저자입니다. 성경에 보면 그의 이름이 어떤 곳에서는 마가로 불리고(행 15:39; 골4:10), 또 다른 곳에서는 마가 요한으로 나타납니다(행 12:25, 15:37). 마가의 집은 예루살렘에 있었고 그의 집에는 넓은 다락이 있었다고 합니다. 그래서 예수님이 계실 때부터 그의 다락방은 많은 사람의 집회 장소로 사용되었던 것 같습니다. 예수께서 승천하신 후 마가의 다락방에는 약 120명의 신도들이 모여 함께 기도하기도 했습니다.

그들 가운데에는 예수님의 열두 제자를 비롯해서 많은 여자들도 있었는데, 예수의 모친 마리아도 그 자리에 참석하였습니다. 마가 요한 역시 함께하였을 것이라고 봅니다. 사도행전 2장을 보면 그 자리에 모였던 모든 사람들이 다 성령의 충만함을 받았다고 합니다. 이것이 오순절 성령 강림 사건입니다. 성령 충만을 받은 사람들이 각 나라 방언을 말하기도 하였는데, 그때 그 광경을 본 사람들 가운데에는 멀리 애굽에서 올라온 사람들도 있었다는 기록이 성경에 있습니다(행 2:10).

마가 역시 성령의 충만한 은혜를 받고 당시 애굽의 수도 알렉산드리아로 내려와서 그리스도의 복음을 전하였다고 합니다(전게서, p.2). 그리고 그곳에서 순교하였다고 전해집니다. 수년 전에 복원된 알렉산드리아 고대 도서관이 위치한 그 바로 앞 해변이 마가 요한의 순교 지점이었다고 합니다.

지금도 알렉산드리아에는 많은 콥틱교회들이 있습니다. 물론 로마가톨릭교회, 그리스정교회 그리고 개신교회들도 상당수 있습니다. 이렇게 볼 때에 애굽 기독교 전래의 역사는 근 2천 년이 된다고 보아도 좋을 것입니다. 비록 지금은 이슬람 국가가 되어 있습니다만……

2. 알렉산드리아 문답학교

초대 교회 특징 중의 하나가 가는 곳마다 교회를 세우고 교회를 중심하여 열심히 성경 말씀을 가르치고 연구하였던 것입니다.

애굽에 들어온 기독교 역시 그러하였습니다. 그들은 문답학교라는 것을 세워서 그곳을 통하여 말씀을 공부하며 교리를 연구하고 신학을 정립하곤 했습니다. 이것이 바로 알렉산드리아 문답학교입니다.

알렉산드리아 문답학교의 초대 교장은 판타너스였습니다. 판타너스는 알렉산드리아 교회의 장로로서 문답학교의 일을 맡고 있었습니다. 그의 밑에서 클레멘트와 오리겐 등 유명한 학자들이 배출되었습니다. 판타너스가 알렉산드리아에 들어와서 문답학교의 일을 맡아 봉사한 기간은 기원 180년에서 200년 사이었고, 그가 죽은 후에는 클레멘트가 그 일을 맡았습니다. 클레멘트는 이 학교에서 가장 뛰어난 제자였다고 합니다.

클레멘트의 아버지는 이교도였습니다. 클레멘트는 기독교를 믿게 된 후 더 고상한 가르침과 훌륭한 교사를 찾으려고 여행하던 중에 애굽의 판타너스를 만나 그의 제자가 되었다고 합니다. 클레멘트는 판타너스를 계승하여 12년 동안 이 학교를 인도했습니다.

그리고 판타너스와 클레멘트의 뒤를 이은 학자가 오리겐입니다. 오리겐은 기원 185년경 알렉산드리아 한 기독교 가정에서 태어났습니다. 그의 아버지는 알렉산드리아 수사학 교사요 독실한 신자였는데, 기원 202년 셉티머스 세베러스 황제 때에 일어난 기독교 대박해 때에 순교하였습니다.

오리겐은 28년 동안 알렉산드리아에 머물면서 그의 학문과 이론을 세우고 제자를 양성하였습니다. 오리겐은 낮에는 제자들을 교훈하고 밤에는 성경 연구와 히브리어를 공부하는 데 보냈다고 합니다. 당시 가장 유명한 학자들은 거의가 다 오리겐의 문하생이었다고 합니다. 그리고 그는 틈이 날 때마다 로마, 안디옥, 아라비아, 팔레스타인 지방을 순방하면서 선교여행을 하기도 하였고, 가는 곳마다 강연을 했습니다.

오리겐 역시 기독교 핍박 때에 잠시 알렉산드리아를 떠나 팔레스타인으로 피하여 가이사랴에 간 적이 있습니다. 그는 그곳에서도 역시 제자 양성하는 일을 계속하였다고 합니다. 그는 알렉산드리아에서는 장로가 되지 못하였으나 가이사랴에 가 있는 동안 장로로 안수를 받았습니다.

오리겐은 죽는 날까지 신학 교육과 제자 양성을 계속하여 기독교 역사상 가장 위대한 학자가 되었습니다. 오리겐의 인격에 대하여 화랄은 오리겐만큼 고상하고 탁월한 인물은 없다고 했습니다. 오리겐처럼 교회를 위하여 헌신적으로 봉사하고 어렸을 때부터 나이 들어서까지 꾸준히 활동하고, 또 조금도 책잡힐 일을 하지 않은 사람은 별로 없다고 했습니다. 오리겐은 초대 교회사에서 별 같은 존재이며 기독교의 가장 위대한 선생이었습니다. 오리겐이 남긴 수많은 저서들이 알렉산드리아 도서관에 있었습니다. 이 도서관은 알렉산드리아 도시의 명물 중 하나였습니다.

그의 저서 중에서도 《부활에 대하여》라는 책과 기독교 신앙을 조직적으로 서술한 《제일 원리에 대하여》라는 책이 유명합니다. 그리고 실천적인 책자로는 《기도에 대하여》와 《순교에 대한 권면》이 유명합니다. 오리겐이 알렉산드리아를 떠난 후에는 오리겐의 뛰어난 제자인 디오니시스가 문답학교 교장이 되었습니다.

디오니시스는 부유한 가정에서 태어난 이교도였습니다. 그러나 그는 오리겐의 감화를 받아 기독교인이 되었습니다. 그러다가 오리겐의 제자가 되고, 후에 알렉산드리아 문답학교의 교장직을 맡게 된 것입니다.

3. 정경 형성에 있어서의 애굽의 역할

정경 형성에 있어서 이집트 기독교의 역할은 지대합니다. 앞에서 말한 알렉산드리아 학파의 공헌은 아주 컸습니다. 기원 3세기 초대 교회사에 있어서 혜성처럼 빛났던 인물들 가운데에서 알렉산드리아의 클레멘트와 오리겐은 대표적인 인물들이었습니다.

알렉산드리아 도시는 기원전 332년에 알렉산더 대왕이 세운 도시입니다. 알렉산드리아에는 이미 그 이전부터 위에서 내려온 유대인들이 많이 살고 있었습니다. 그리고 그 뒤를 이은 톨레미 1세는 친히 팔레스타인에서 유대인들을 알렉산드리아로 이민을 시켜서 그들에게 호의를 베풀기도 했습니다.

한편 알렉산드리아 도서관과 박물관 그리고 대학을 설립하여 알렉산드리아를 교육과 문화의 도시로 만들었습니다. 이와 같은 이유로 알렉산드리아에는 수많은 유대인들이 내려와 살고 있었습니다. 지금 우리는 알렉산드리아에 가서 유대인들의 무덤(공동묘지)을 구경할 수 있는데, 가보면 이상에 말씀한 것을 실감할 수 있습니다.

애굽에 내려온 유대인들은 대부분 히브리어 대신 헬라어를 사용하였다고 합니다. 여기에서 히브리어로 기록된 구약성경을 헬라어로 번역하게 된 동기가 생겼다고 합니다. 그래서 번역한 성경이 곧 70인역본입니다. 70인역본은 당시 헬라어를 사용하는 유대들의 절실한 필요에 의한 산물이었습니다. 70인역은 물론 최초의 구약 역본인 동시에 알렉산드리아에서 이루어진 것으로, 일명 알렉산드리아 역본이라고도 합니다.

이 역본은 그 가치에 있어서 대단히 중요한 것임은 말할 것도 없습니다. 특히 헬라 로마시대에 있어서 헬라어로 번역한 70인역본은 기독교의 진리를 전 세계에 보급시키는 데 크게 기여하였습니다.

4. 아랍 정복

애굽이 아랍 정복 시대로 들어간 것은 7세기 중반부터입니다. 아랍이 애굽을 정복했다는 말은 곧 이슬람이 애굽으로 들어왔다는 말입니다.

기원 639년, 암르 이븐 알 아스가 내려와서 애굽을 다스리던 시대부터 애굽은 본격적인 아랍 정복 시대로 들어가게 됩니다. 이때부터 애굽 기독교(애굽정교회)의 사정은 점차 달라지기 시작했다고 보아도 좋을 것입니다. 물론 아랍이 내려온 처음부터 기독교의 판도가 달라진 것은 아니었습니다. 그러나 얼마 안 가서 모슬렘의 수는 급진적으로 늘어나고 수많은 기독교인들이 새로운 종교인 이슬람을 받아들이게 되었다고 합니다.

바로 이때에 애굽 기독교의 최고 책임자 곧 알렉산드리아의 교황은 벤자민 1세였습니다. 당시 애굽 교회의 지도자들은 새로 들어온 이슬람에 대하여 너무 소홀하였습니다. 그들은 자기들의 역사와 전통만 생각하고 자기들이 수적으로 우세하다는 생각과 자기 만족과 자부심에 젖어 있었습니다. 이슬람에 대하여 별로 신경쓰지 않았던 것입니다.

그러는 동안에 새로 들어온 이슬람은 나일 강을 따라 애굽

전역에 급속도로 퍼졌습니다. 그후 불과 반세기의 세월이 흐르는 동안에 기독교와 이슬람의 판도는 완전히 뒤바뀌어버렸습니다. 사정이 180도로 달라진 것입니다. 이제는 기독교인 숫자보다 모슬렘의 수가 더 많아진 것입니다. 그러던 중 8세기 초에 들어가면서 애굽의 공용어는 아랍어로 바뀌게 되고 모든 공문서가 아랍어로 쓰였습니다. 이것이 역사상으로 기원 709년의 일입니다. 그 이전까지 그들은 콥틱어를 사용하였습니다. 이것이 아랍 정복이 가져다준 영향입니다.

어쨌든 이같이 하여 9세기에 들어서면서 애굽은 다수의 모슬렘, 소수의 기도교 나라가 되어버렸습니다. 그 이후 1200~1300년이 넘도록 이집트는 모슬렘 국가로 내려오면서 이슬람의 기독교에 대한 탄압과 박해는 그칠 날이 없었습니다.

특별히 1012~1015년에 있었던 대 탄압은 유명합니다. 이를 가리켜 '알 하킴 기독교 박해'라고 합니다. 이 기간에 수많은 기독교인들이 핍박을 견디다 못해 도망을 치고 해외로 달아났다고 합니다. 이슬람의 기독교 박해는 1천 수백 년이 지난 오늘에도 없는 것이 아닙니다. 겉으로 보기에는 아주 자유스러운 것 같지만 그렇지만은 않습니다.

현재 종교 현황을 살펴보면 회교도가 전 국민의 82~83%요, 나머지 17~18%는 기독교인이라고 봅니다. 물론 아주 정확하지는 않습니다. 저마다 다르게, 자기 편리대로 이야기하는 경우가 많기 때문입니다. 정부에서 발표하는 통계연감 같은 데서는 모슬렘의 인구가 90%라고 합니다. 그러나 기독교회에서 말하고 있는 숫자는 그와는 많이 다릅니다.

애굽에는 전체 국민의 상당수에 달하는 기독교인이 있습니다. 적어도 17~18%는 되리라고 보고 있습니다. 애굽 기독교인의 대다수는 애굽 정교회 교인들입니다. 그리고 로마가톨릭, 그리스정교회 등도 상당히 많이 있습니다. 개신교회도 무려 10여 개의 교파들이 있습니다. 개신교회로서는 애굽복음주의교회가 제일 큰 교단입니다. 그 다음으로 큰 것은 하나님의 성회 교단에 속한 교회들입니다. 그 외에 감리교회, 사도의 교회, 성공회, 그리스도의 교회, 침례교회, 형제교회들도 있습니다.

9

애굽에 내려온 성가족

1. 톨레미 왕가의 마지막 왕 클레오파트라

기원전 51년, 톨레미 11세의 열일곱 살 난 아름다운 미모의 딸 클레오파트라가 왕위에 올랐습니다. 그리고 몇 년 후 클레오파트라는 톨레미 가의 풍습에 따라 그녀의 동생인 톨레미 14세와 결혼을 하였습니다. 이런 일은 옛 바로 왕가에서 흔히 볼 수 있는 일이요, 히브리인들의 사회에서도 볼 수 있는 일이었습니다. 그런데 톨레미 14세는 그의 누이 클레오파트라를 내쫓아버리고 그녀의 자리를 빼앗아 차지하였습니다. 이리하여 시리아로 도망을 간 클레오파트라는 그곳에서 군사를 모으기 시작했습니다.

그리고 그때 줄리어스 시저(가이사)가 그녀에게 매혹되어서 그녀를 도와주었습니다. 그동안 한때 로마 총독의 명으로 애굽의 집정관이었던 그나우스 폼페이우스가 그의 세력에 위협을 느끼고 줄리어스 시저에게 질투를 느낀 나머지 애굽으로 달려갔습니다. 폼페이우스가 애굽으로 오게 됨에 따라 당시 애굽으로서는 곤란한 입장에 처했습니다. 즉 그들이 시저를 지지해야 할 것인지 폼페이우스를 지지해야 할 것인지에 대한 문제가 생긴 것입니다.

폼페이우스가 애굽으로 내려오자 애굽에서 로마 군사를 지휘하던 사령관 아킬라스와 루시어스 셉타머스 두 사람이 펠루지움에서 폼페이우스를 맞이하였습니다. 이 항구는 엘 아리쉬로 가는 중간에 있는 항구도시였습니다. 지금의 지명으로는 텔 엘 파라마라고 부르며, 성경에 나타난 이름은 다바네스입니다(렘 43:7-8). 그런데 그들은 그를 그곳에서 맞아 환영하는 척하면서 오히려 그를 살해하고 말았습니다.

이리하여 시저는 애굽을 공격하여 알렉산드리아를 손에 넣고 바로의 땅의 지배자로 군림하게 되었습니다. 그는 3년 동안 클레오파트라와 그녀의 동생 톨레미와 같이 이집트를 지배하였습니다. 그후 클레오파트라는 그녀의 동생 톨레미 14세를 독약을 먹여서 죽였습니다. 줄리어스 시저가 교사한 일이었다고 합니다.

이리하여 클레오파트라는 줄리어스 시저와 함께 애굽을 다스립니다. 그후 그녀는 그와 함께 로마로 건너가 시저의 첩으로 지내다가 기원전 44년 시저가 살해된 후 다시 애굽으로 돌아옵니다. 애굽으로 돌아온 후에 그녀는 마가 안토니의 정부(첩)가 되었습니다. 클레오파트라에게 홀린 안토니는 로마에 속했던 많은 땅을 그녀에게 주었습니다. 옛 왕들이 지배하던 땅들을 되찾는 것이 클레오파트라의 유일한 소망이었기 때문이었습니다.

한편 클레오파트라는 팔레스타인 지방으로 여행을 갔는데, 그곳에서 헤롯 대왕을 만나 그 또한 유혹하려고 하였습니다. 헤롯은 그녀의 눈짓에 마음이 끌렸지만 안토니와 원수가 되지 않기 위하여 그녀의 유혹을 뿌리쳤다고 합니다. 클레오파트라가 속이 상해서 돌아와 안토니로 하여금 헤롯을 알렉산드리아로 초청하게 하였습니다. 그러나 헤롯은 그녀의 속셈을 알아차리고 초청에 응하지 아니하였다고 합니다. 반면 헤롯은 클레오파트라에게 팔레스타인 지방의 아름다운 해변과 정원 그리고 대추야자 숲이 우거진 여리고를 내어주었습니다.

플라비우스 요세푸스에 의하면 이 정원에는 유명한 향유나무들이 많았다고 합니다. 그리고 이 나무는 시바의 여왕이 이스라엘을 방문했을 때 솔로몬에게 선물한 것이라고 전해지고 있습니다. 클레오파트라는 이 나무 몇 그루를 헬리오폴리스로 옮겨 심어 유대인 정원사들로 하여금 가꾸게 하였습니다. 그런 일이 있은 후 30년이 지난 다음 예수님의 성 가족이 애굽에 피난 왔을 때 요셉은 마리아와 아기 예수님을 모시고 이곳 헬리오폴리스에 들르게 되었던 것입니다.

기원전 31년 로마의 원로원이 옥타비안으로 하여금 그의 함대를 애굽으로 내려보냈습니다. 안토니도 클레오파트라의 수하에 있는 애굽 함대를 이끌고 나가 지중해에서 대결하였습니다. 이 해전에서 안토니 함대가 패하게 되어 클레오파트라와 안토니는 알렉산드리아로 도망쳤습니다. 애굽이 이길 수 없다는 것을 안 클레오파트라는 옥타비안의 제의에 따라 안토니를 살해하게 됩니다. 안토니를 유혹하여 그녀가 죽은 후 묻히기 위해서 만들어 놓은 무덤으로 끌어내어 함께 자결하기로 하였다고 합니다. 안토니는 클레오파트라의 이 사기 연극에 말려들어 혼자 목숨을 끊어 자살을 하고 말았습니다.

클레오파트라는 그녀의 특별한 미모로 또 옥타비안을 유혹하였지만 옥타비안은 그녀의 유혹에 넘어가지 않았다고 합니다. 결국 클레오파트라는 자신을 독사에 물리게 함으로써 스스로 목숨을 끊고 말았습니다. 클레오파트라는 옥타비안의 죄수가 되는 길보다는 독사에게 물려서 죽는 길을 택하였던 것입니다.

클레오파트라를 물어 죽인 독사는 애굽 사람들이 섬기던 신성한 뱀이었다고 합니다. 그들은 코브라를 신으로 섬기며 태양신의 사신으로 믿고 있었기에 그녀가 독사(신성한 뱀)에게 물려서 죽은 것은 그녀가 죽은 것이 아니라 불멸이요 신의 세계로 갔다고 보았습니다. 때문에 그녀는 오히려 현명한 길을 택하였다고 말하기도 합니다. 하여간 클레오파트라는 별난 여인이었음에 틀림이 없습니다.

마사마투루에 가보면 클레오파트라가 목욕을 하고 즐겼다는 클레오파트라 함맘이 지중해변에 있기도 합니다. 클레오파트라가 죽은 것이 기원전 30년이었다고 봅니다. 그녀가 죽은 후 애굽은 로마의 영역이 되어서 기원 395년까지 이르게 됩니다. 예수님이 탄생하였을 당시의 로마의 황제는 가이사 아구스도 였다고 성경은 말씀하고 있습니다(눅 2:1). 가이사 아구스도는 기원전 30년에서 기원 14년까지 황제의 자리에 있었습니다.

2. 애굽으로 내려오신 성 가족

마태복음 2장 13절 이하 15절 말씀에 보면 예수님의 성 가족이 애굽으로 내려오신 사실이 기록되어 있습니다. 헤롯이 아기 예수님을 찾아서 죽이려 하였으므로 요셉이 마리아와 아기 예수님을 모시고 애굽으로 피한 것입니다.

성 가족이 애굽에 올 때에는 당시 교통수단이었던 나귀를 이용하였을 것이 틀림이 없는 것입니다. 성 마리아가 아기 예수를 품에 안고 나귀를 타고 요셉은 나귀 고삐를 잡고 왔을 것입니다. 이는 마치 모세가 시내 산에서 애굽으로 나올 때의 모습과도 같다고 하겠습니다(출 4:20). 그리고 아기 예수님이 나귀를 타고 오셨다는 것은 후일에 그가 예루살렘 입성하셨을 때도 그러하였거니와 이미 스가랴 선지자를 통하여 예언해 놓으신 선지서의 말씀(슥 9:9)이 응한 것이라고 할 수 있습니다. 예수님의 성 가족이 베들레헴을 떠나 애굽으로 내려오실 때에는 당시 대상들이 다니던 길을 따라서 왔을 것이 또한 확실하다고 보아도 좋을 것입니다.

옷토 메이나더스(Otto Meinardus)의 《애굽에 내려오신 성 가족》이라는 책에 의하면, 베들레헴을 떠난 성 가족은 먼저 아스글론 쪽으로 갔을 것이라고 합니다. 아스글론은, 구약 사사기 14장 19절에 삼손이 아스글론에 내려가서 그곳 사람 30명을 쳐 죽였다는 기록이 있는 곳입니다. 그리고 성 가족은 아스글론에서 동쪽으로 향하여 헤브론에 이르렀을 것입니다. 민수기 13장 22절에 보면 헤브론은 애굽 땅 소안보다 7년 전에 세워진 오래된 도시라고 하였습니다. 소안은 하 애굽, 곧 델타 지방에 있었던 애굽의 옛 도시입니다.

그리고 다시 서쪽으로 내려오면서 옛 가나안의 성 가사에 이르렀을 것이라고 합니다. 가사는 삼손이 들릴라에게 매혹되었던 곳이기도 합니다(삿 16:21-31). 예수님 당시 가사는 굉장한 도시였습니다. 왜냐하면 헬레니즘 문화 중심지 중 하나였기 때문입니다.

성 가족이 대상들의 통행로를 밟으면서 지중해변을 따라서 내려왔다고 하면, 그 다음에 이른 곳은 오늘의 이스라엘과 애굽의 지중해변의 접경지점인 라파가 될 것입니다. 오늘 우리가 육로로 버스를 타고 지중해변 도로로 이스라엘로 가면 바로 이 지점을 통과합니다. 그 다음 계속해서 대상로를 따라 44km를 내려오면 엘 아리쉬에 도착하게 됩니다. 엘 아리쉬는 대추야자 숲이 우거진 곳으로 유명하며 시내 반도 북단의 가장 큰 도시입니다. 아름다운 해변과 해수욕장이 있는 곳입니다. 그리고 거기에서 계속해서 내려오다 보면 펠루지움(다바네스)에 이르게 됩니다. 성 가족이 이곳에서도 잠시 머물렀다고 합니다.

예레미야 43장 5-8절을 보면 이곳은 옛날 예레미야 선지자가 내려와서 얼마간 머물렀던 곳이며, 바로 왕의 궁이 있었던 곳이기도 합니다(렘 43:9). 펠루지움은 고대 애굽의 항구도시였습니다. 수에즈 운하 나루터에서부터 약 40킬로미터쯤 가면 이르게 되는데, 지금 그곳에 가보면 옛 궁터와 그 흔적들을 구경할 수 있습니다.

기원전 525년 파사 왕 캄비세스가 프삼메티코스 3세를 물리치고 펠루지움을 빼앗기도 했습니다. 그 이후 애굽은 파사의 영토가 되었습니다. 이것이 애굽 역사로 말하면 제27왕조 때가 됩니다.

성 가족이 내려오셨을 당시 펠루지움은 매우 중요한 항구도

9. 애굽에 내려온 성가족

시였습니다. 여기에서 성 가족이 며칠간 머물렀던 것으로 쉽게 짐작할 수 있습니다. 이상의 모든 이야기들은 다 확실한 근거가 있는 이야기는 아니지만, 그렇다고 하여 허무맹랑한 이야기는 물론 아닙니다. 상당한 근거와 신빙성이 있는 이야기라고 오토 메이나더스는 그의 책에서 밝히고 있습니다.

3. 성 가족이 애굽에 내려오신 노정

예수님의 성 가족이 애굽에 내려왔을 때는 가이우스 터라니우스가 애굽의 로마 제독으로 와 있을 때였다고 봅니다. 성 가족은 텔 엘 파라마에서 며칠간 머문 다음 애굽의 델타 평야로 들어왔습니다.

오늘의 만잘라 호수 아래쪽으로 해서 삼각주 평야로 들어오신 것입니다. 물론 이 길은 옛날부터 이스마엘 상인들이 드나들던 대상로(Caravan Route)인데 그 길을 따라서 오셨다고 보는 것입니다.

창세기 12장에 보면 옛날 아브라함이 가나안 땅에 기근이 생겼을 때에 애굽으로 내려온 적이 있다고 하였습니다. 아브라함 역시 애굽에 내려갈 때 이 길을 이용하였을 것이 분명합니다. 그리고 요셉이 애굽으로 팔려 올 때에도 미디안 상인들이 요셉을 데리고 이 길을 따라서 애굽으로 내려왔다고 하였습니다(창 37:25-28).

이리하여 예수님의 성 가족은 고센 땅에 들어오신 것입니다. 고센 땅이라고 하면 오늘의 나일 삼각주, 델타 평야를 가리킵니다. 삼각주 평야는 나일 강이 카이로에서부터 두 갈래로 갈

라져 북쪽으로 흘러가는 가운데의 넓은 평야를 말합니다. 나일강이 동쪽 지류는 포트사이드 서쪽 다미에타 항으로 흘러들어가며, 서쪽 지류는 알렉산드리아 동쪽에 있는 로제타로 흘러서 지중해로 들어갑니다.

구약성경에 나오는 비베셋이나 비돔, 숙곳, 라암셋, 온 등의 이름은 모두가 이 고센 땅에 있는 지명들입니다. 그러나 지금은 그런 이름들이 사용되고 있는 곳은 한 군데도 없습니다. 예를 들면 에스겔서에 나오는 비베셋을 지금은 자가지그라고 부르고 있습니다. 비베셋은 애굽 왕 시삭이 건설한 도시입니다. 시삭은 애굽의 제22왕조 때의 바로 왕이었습니다(기원전 945~924).

열왕기상 11장 40절을 보면 "이러므로 솔로몬이 여로보암을 죽이려 하매 여로보암이 일어나 애굽으로 도망하여 애굽 왕 시삭에게 이르러 솔로몬이 죽기까지 애굽에 있으니"라고 하였는데, 비베셋은 시삭 당시 애굽의 수도였습니다. 지금 그곳에 가 보면 옛 신전터를 확인할 수 있습니다. 이스마엘 상인들이 애굽으로 들어올 때는 항상 이곳을 통과하였다고 합니다. 지금도 자가지그는 델타 지방에서 큰 도시입니다. 그런데 성 가족이 고센 땅으로 들어올 때에도 자가지그를 거쳐서 거기에서 약2Km 남서쪽 지점에 있는 텔 엘 바스타 비베셋 마을을 방문하셨다고 합니다.

텔 엘 바스타로 가는 길에 성 가족이 오늘의 이스마일리야가 있는 곳을 지나갔을 가능성은 충분히 있습니다. 그리고 이스마일리야의 수에즈 운하 변에는 마리아의 동산이라고 불리는 곳이 있는데 성 가족이 그곳에 들렀다고 합니다. 숙곳과 비돔은 오늘의 이스마일리야에서 그리 멀지 않은 곳에 위치하였습니다. 이들 지명들은 모두가 다 고센 땅에 속하는 곳들로서 이스마일리야 근처에 있었습니다. 비돔은 이스라엘 백성들이 강제 노역을 하던 곳이었습니다(출 1:11). 그리고 숙곳은 이스라엘 백성들이 출애굽할 때 라암셋을 출발하여 처음으로 숙영한 곳이었습니다(출 12:37, 13:20; 민 33:5-6). 오늘의 알 쿠사신 마을이 바로 그곳입니다. 필자가 이 두 곳을 찾아가 보았을 때에는 아무런 유적이나 노역의 흔적은 발견하지 못하였습니다.

전설에 의하면 성 가족이 비베셋에 이르러서 거기에서 약 2킬로미터쯤 떨어져 있는 바스타 마을에 도착했을 때 이 마을 사람들이 마리아와 요셉을 대접하지 못했다고 합니다. 이 마을에서 푸대접을 받은 성 가족은 하루 동안을 걸어서 남쪽으로 내려오다가 오늘의 빌바이스에 이르렀다고 합니다. 성 가족이 이 마을에 들어섰을 때 마침 그 마을에서는 장례식이 거행되고 있었습니다. 그들을 불쌍히 여기신 아기 예수님께서 그 죽은 자를 다시 살려 주셨다고 합니다. 죽었던 사람이 다시 살아나자 온 마을 사람들은 예수님을 크게 영접하였습니다. 이 일로 인하여 모든 빌바이스 사람들이 예수님을 믿게 되었다고 합니다.

중세시대에 이르기까지 수많은 순례자들이 빌바이스를 방문하여 성 가족을 기념하는 마리아의 나무 아래에서 경배를 하곤 하였다고 합니다. 그 후 나폴레옹의 군사들이 이 나무를 잘라버리려고 했지만 그들이 내려친 첫 도끼 자국에서 피가 나오는 것을 보고는 겁을 집어먹고 도망을 쳤다는 이야기가 전해집니다. 그러나 마리아의 나무는 1850년경에 고목으로 잘려서 화목이 되고 말았다고 합니다. 지금 빌바이스에는 콥틱교회가 있는데 이 교회의 이름은 성 조지 교회입니다.

빌바이스에 들른 성 가족은 이번에는 다시 북쪽으로 진행하여 나일 강 다미에타 지류가 흐르는 삼각주의 북쪽 지방인 사만우드에 도착하였다고 합니다. 옛날 성 가족이 도착하였던 지점에는 기념교회가 세워져 있었는데, 지금의 아바눕 교회가 있는 자리가 바로 그 자리라고 합니다(Otto Meinardus, p.33).

성 가족은 사만우드에서 다시 이번에는 서쪽으로 진행하여 가다가 지금의 카프르 엘 쉐이크가 있는 지점에 도착하여 거기서 여독을 풀었다고 합니다. 그런 다음에 다시 그곳을 출발하신 성 가족은 지금의 와디 나투룬 오아시스가 있는 곳으로 온 것입니다.

와디 나투룬 일대에는 지금도 네 개의 수도원이 있습니다. 지금은 그곳에서 수도하는 수도사들이 얼마 되지 않지만 옛날에는 수백 명의 수도사들이 이곳 수도원에서 수도를 하였다고 합니다. 수리안 수도원을 비롯해서 바라무스 수도원, 비쇼이 수도원 그리고 성 마가 수도원인데, 이들 수도원은 모두가 다 기원 4세기경에 세워진 수도원들입니다. 그중에서 성 마가 수도원을 방문하여 보면 이 수도원 내에는 성 마가 교회를 비롯하여 여러 개의 채플들이 있습니다. 그리고 그 경내에는 기독교 박해 시에 순교의 피를 흘린 49명의 순교자들을 기념하는 순교기념예배당도 있습니다. 이 수도원은 외부에서 찾아오는 손님(방문객)들을 위한 숙박시설도 있어서 며칠 동안 마음먹고 가서 조용히 기도할 수 있는 좋은 처소입니다.

남쪽으로 여행을 계속한 성 가족이 그 다음에 이른 곳은 옛 성경의 지명인 벧세메스였다고 합니다(렘 43:13). 성 가족이 방문하기 얼마 전까지만 해도 벧세메스는 사람들이 살지 않는 폐허였습니다. 기원전 525년 파사가 애굽을 점령한 이후로 이곳은 완전히 폐허가 되었기 때문입니다. 그 전에는 신전도 있었고 바로 왕의 궁궐도 있었습니다.

예레미야서에 나오는 벧세메스는 창세기의 지명 온과 같은 지역으로 봅니다. 온은 고센의 수도였습니다. 이를 헬리오폴리스라고도 불렀는데 '태양의 도시' 라는 뜻의 이름입니다. 요셉이 온의 제사장 보디베라의 딸 아스낫을 부인으로 맞이하였다는 이야기가 창세기에 나옵니다.

예수님의 성 가족이 헬리오폴리스 곧 오늘의 알 마타리야에 이르렀습니다. 지금의 알 마타리야는 카이로의 동북방 변두리에 있습니다. 현재는 우중충한 서민 주택(아파트)들이 무질서하게 들어서 있는 곳입니다.

2천 년 전 예수님의 성 가족이 이곳에 이르렀을 때 여기에는 한 그루의 큰 뽕나무가 있었는데, 마리아와 요셉이 아기 예수님을 데리고 그 나무 그늘 밑에서 휴식을 취하였다고 합니다. 지금 우리가 알 마타리야를 방문하여 보면 근래에 죽어버린 300년 묵은 뽕나무의 고목을 구경할 있습니다. 이곳으로부터 성 가족은 다시 남쪽으로 진행하여 오늘의 구 카이로에 도착하여 그곳에서 상당 기간 피해 있었다고 합니다.

구 카이로의 성 가족이 피신하여 있던 지점은 지금의 아부 사르가 콥틱교회가 있는 자리라고 주장하고 있습니다. 그곳에서 조금만 걸어서 나오면 나일 강가에 이르게 되며, 거기에서 강 건너편을 바라보면 기자의 피라미드가 한눈에 들어옵니다. 그리고 바로 거기에는 강을 건너는 나룻배가 있습니다. 아마 성 가족이 이곳을 방문하였을 당시에도 그 근처에 나루터가 있었다면 그리고 마리아와 요셉이 나룻배를 타고 강을 건너갔다면, 아기 예수님께서도 기자 벌판의 피라미드들을 구경하셨을 것이라고 생각됩니다.

그리고 분명히 성 가족은 그 근처를 여행하는 중 바로의 공주가 모세를 건진 곳도 구경하셨을 것입니다. 15세기경의 모슬렘 역사가였던 마크리지의 글에 의하면 모세를 담았던 갈 상자는 기자에 있는 투바 모스크에 보존되어 있었다고 합니다 (Otto Menardus, p. 41)

카이로의 남쪽에 위치한 마아디의 나일 강변에는 세 개의 둥근 지붕으로 되어 있는 성 마리아 교회가 있습니다. 구전에 의하면 예전 그 자리에는 한 유대 회당이 있었으며, 성 가족이 그곳에서 예배를 드렸을 것이라고 합니다. 그리고 성 가족은 그곳에서 배를 타고 남쪽으로 내려갔다는 것입니다.

그때 성 가족이 이처럼 애굽까지 멀리 그리고 이곳에 오셔서도 심지어 배를 타고 멀리 남쪽 지방으로까지 여행을 할 수 있었던 것은 동방박사들에게서 선물로 받은 황금과 유향과 몰약 때문이었을 것이라고 말하기도 합니다. 아기 예수님과 마리아와 요셉은 배를 이용해서 장시간의 여행 끝에 지금의 아슈트 근방에까지 내려왔습니다. 성 가족이 아슈트 근방에까지 내려가시는 데에는 상당한 시간이 걸렸을 것입니다. 카이로에서 아슈트까지는 400킬로미터의 거리이기 때문입니다.

성 가족이 애굽의 남쪽을 향해서 내려가는 도중 지금의 미니아 근처를 지나면서 그 근처에 있는 베니 하산 마을도 구경했을 것이라고 봅니다. 베니 하산은 나일 강변에 위치하고 있을 뿐만 아니라 거기에는 람세스 2세의 신전도 있었고 근처에는 마을도 있었기 때문입니다. 지금의 알쿠시아 마을에 성 가족이 이르렀을 때 마침 동리에서는 결혼식이 진행되고 있었다고 합니다. 그런데 신부가 귀신에 들려서 벙어리가 되어 바보처럼 행동을 하였다는 것입니다. 그러다가 그곳을 방문한 성 가족을 보고 이 신부가 아기 예수님에게 달려가서 입을 맞추니 금방 온전하여져서 하나님을 찬양하더라고 했습니다.

알쿠시아 마을은 보잘것없는 시골에 지나지 않습니다. 그러나 이 지역이 지금 유명한 것은 애굽에서 제일 큰 수도원이 있기 때문입니다. 알 무하락 수도원입니다. 기원 4세기경에 세워진 수도원으로서 지금도 50여 명의 수도사들이 수도하고 있는 콥틱 수도원입니다. 수많은 순례자들이 다녀가는 곳이기도 한데, 특별히 매해 6월 20일부터 한주간 동안 큰 축제가 벌어지기도 합니다. 수만 명의 콥틱 기독교인들이 곳곳에서 이리로 모여옵니다. 수도원 주변에 천막들을 치고 축제에 참석하며 한주간을 지냅니다.

지난 1988년 6월 21일, 그러니까 축제 이튿날 저녁이었습니다. 그곳에 대형 화재가 발생하여 47명이 불에 타서 죽은 큰 사고가 일어났습니다. 매년 6월 20일부터 벌어지는 축제는 성모 마리아의 탄일을 축하하는 축제의 모임입니다. 알 무하락 수도원 내에는 마리아 기념교회를 비롯하여 여러 개의 채플이 있고 아기 예수님이 와서 계시던 장소는 특별히 보존을 하고 있습니다.

알 무하락 수도원이 있는 이 지점에서 성 가족이 오래 머무르셨다고 합니다. 그리고 이곳에서 천사가 요셉의 꿈에 재차 나타나 "일어나 아기와 모친을 데리고 이스라엘 땅으로 가라 아기의 목숨을 찾던 자들이 죽었느니라"(마 2:20)고 하였습니다. 요셉은 즉시로 마리아와 아기 예수님을 모시고 이스라엘 땅으로 돌아갔다고 성경은 기록하고 있습니다. 성 가족이 다시 이스라엘 땅으로 갈 때의 노정은 내려올 때의 그 길을 따라서 거슬러 올라갔을 것으로 보입니다.

〈지도 1〉 성 가족이 애굽에 내려오신 노정

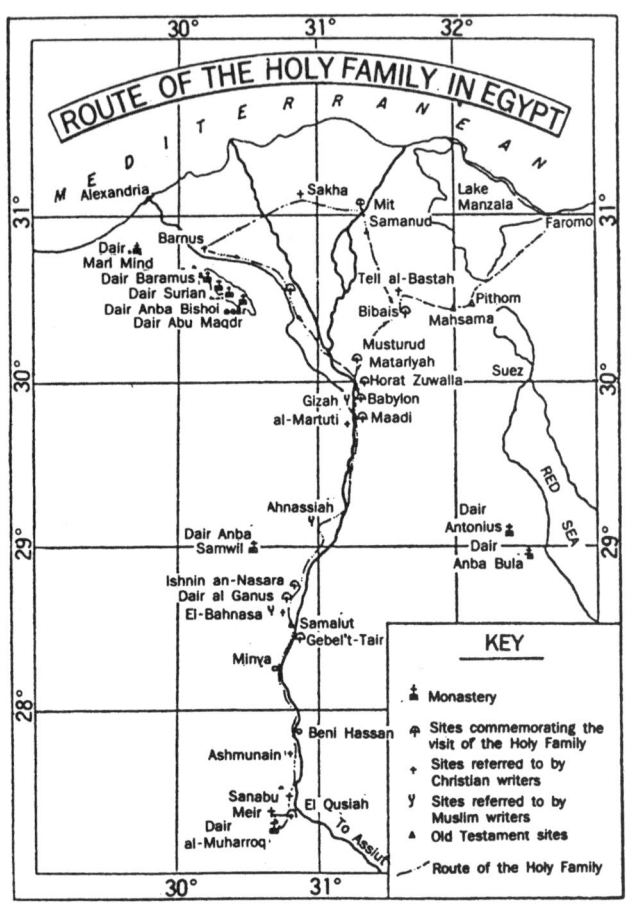

제2부 애굽의 유적지

1. 기자의 피라미드
2. 기자의 스핑크스와 바로 왕의 보트
3. 카이로 국립박물관
4. 멤피스와 사카라
5. 신왕국 시대의 수도 룩소
6. 알라메인과 시와 오아시스
7. 아스완과 아부심벨

기자의 피라미드

1. 피라미드 건축시대

피라미드 건축시대는 애굽 역사에서 볼 때 고대왕국 제3왕조에서 제6왕조 때에 해당합니다. 이 시대를 가리켜 일명 피라미드 건축시대라고 합니다. 거의 모든 피라미드가 다 이 시대에 건축되었습니다. 이 시대의 왕들은 왕이 되면서부터 벌써 자기 무덤, 곧 피라미드를 만드는 일을 시작하였던 것 같습니다.

애굽에는 크고 작은 피라미드가 80여 개나 있습니다. 그중에서 가장 먼저 쌓은 것은 제3왕조 때의 것으로서 사카라에 있는 조서(Zoser) 왕의 계단식 피라미드(step pyramid)라고 할 수 있습니다. 피라미드는 옛 바로들의 무덤입니다. 옛 애굽의 왕들은 파라오(Pharaoh)라고 부르는데, 그 뜻은 '큰 집'(great house)입니다. 구약성경에서는 애굽 왕을 '바로' 라고 부릅니다. 그러므로 '바로' 라는 이름은 애굽 왕의 일반 호칭이지 개인의 이름은 아닙니다.

툿투모세 1세, 아멘호텝 2세, 혹은 람세스 2세, 투탄크아문 등의 명칭은 각각 그들의 고유한 이름이라고 볼 수 있습니다. 성경에도 보면 몇몇 왕들의 이름이 나오는데, 예를 들면 애굽의 왕 바로 느고(왕하 23:29)라든가, 혹은 애굽의 바로 호브라

(렘 44:30)라든가, 혹은 애굽 왕 시삭(왕상 11:40) 그리고 애굽의 왕 소(왕하 17:4) 등이 그 예라 할 수 있습니다.

2. 세 가지 형태의 무덤

옛 애굽의 왕들의 무덤을 보면 대개 서너 가지 형태로 구분됩니다. 그중에서 가장 역사가 오래된 것, 다시 말하여 제일 먼저 무덤을 만든 방식은 석실분묘(mastaba tomb)입니다. 석실분묘는 제1왕조, 제2왕조 때에 쓰던 무덤 방식입니다. 사카라의 사막 가운데에서 이와 같은 무덤 형태를 찾아볼 수 있습니다. 그 다음으로 발전한 것이 피라미드 형태의 무덤입니다. 그리고 그 다음의 한 가지 형태는 터널식 무덤(tunnel tomb)인데, 룩소의 '왕가의 계곡'이나 베니 하산에 있는 왕들의 무덤이 바로 여기에 속합니다.

이미 말씀드린 대로 제3왕조 이후 제6왕조까지는 주로 피라미드를 쌓아서 왕들의 무덤으로 사용하였습니다. 그중에서 가장 오래된 것이 조서 왕의 계단식 피라미드입니다. 80여 개의 피라미드가 나일 강변의 사막 가운데에 여기저기 흩어져 있지만 그 가운데서도 가장 유명하고 대표적인 것은 고대 왕국 제4왕조 때의 것으로서, 쿠후 왕과 카푸레 왕 그리고 멘카우레 왕의 피라미드입니다. 이들 세 피라미드는 모두가 거의 한곳에 있습니다. 카이로 시내에서 서방으로 약 14.5킬로미터 떨어진 기자 벌판 사막 가운데에 서로 가까이 위치하고 있습니다.

사무엘 샤프는 이들 피라미드는 하나를 건축하는 데 근 20

년씩이나 걸렸을 것이라고 합니다. 또 이 공사에 10만 명의 인원이 동원되었다고 말합니다. 물론 피라미드를 쌓아 올리는 건축 공사는 1년 내내 진행되었겠으나 돌을 운반하고 집중적으로 쌓아 올리는 것은 1년 중 한 3개월, 곧 나일 강이 범람하고 홍수가 나는 계절이었고, 그 나머지 기간에는 일부 기술자들을 제외한 일꾼들은 자기 직업으로 돌아가서 일을 하였다고 합니다.

3. 쿠후 왕의 피라미드

기자에 있는 세 피라미드 중에서도 가장 크고 먼저 건축된 것이 쿠후 왕의 피라미드입니다. 쿠후 왕은 스네페루의 아들로서 제4왕조의 두 번째 왕입니다.

스네페루 왕의 피라미드는 다흐수르에 있는데 이것 역시 특이한 모양으로 지어졌습니다. 말하자면 굴절 피라미드입니다. 피라미드를 쌓아 올라가다가 거의 끝 부분에 가서는 굴절하여 마치 허리 굽은 사람 모양으로 갑자기 꺾여서 쌓아 올라간 것입니다.

멤피스에서 조금 더 남쪽으로 내려가다 보면 오른쪽 방향에서 볼 수 있습니다. 쿠후 왕은 일명 체오프스 왕으로도 불립니다. 기자의 세 피라미드 중에서 가장 큰 체오프스 왕의 피라미드의 규모와 건축술은 참으로 신비하고 놀라울 정도입니다. 에드워드(I. E. S. Edward)의 《애굽의 피라미드》라는 책에 의하면 이 피라미드를 짓는 데 소요된 돌이 230만 개나 된다고 합니다. 그런데 그 돌의 무게가 평균 2~2.5톤으로 가장 큰 것은

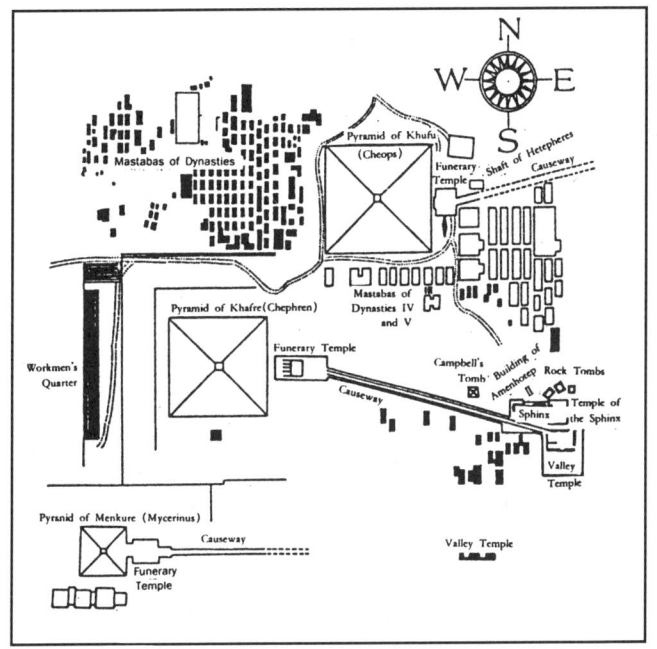

<그림 1> 기자의 피라미드 위치도

15톤이나 되는 것도 있다고 하니 정말 놀랍습니다. 여기에 사용된 돌은 프랑스의 전 국경에 높이 3미터, 폭 30센티미터의 석벽을 둘러치고도 남을 만큼의 것이라고 합니다.

쿠후 왕의 피라미드의 높이는 137미터입니다. 원래는 그보다 약 10미터는 더 높았는데 윗부분이 무너져 내린 것이라고 합니다. 무너져 내린 부분에는 그 높이만한 높이의 철봉을 세워 놓았습니다. 그리고 이 피라미드의 밑부분은 정방형으로서

BC	THE THIRTY-ONE DYNASTIES	BC	OLD KINGDOM	BC	THIRD & FOURTH DYNASTIES (principal rulers)
3150	Prehistory (Naqada 11 c. 3400)	2700		2700	
2700	Archaic Period Dyn. 1 and 2		Third Dynasty		Zoser (reigned 19 yrs.)
2250	Old Kingdom Dyn. 3-6	2630	Fourth Dynasty		
2035	1st Intermediate Period				Huni (24 yrs.)
1668	Middle Kingdom Dyn. 11-13	2520	Fifth Dynasty	2630	Sneferu (24 yrs.)
1550	2nd Intermediate Period				Cheops (23 yrs.)
946	New Kingdom Dyn. 18-20	2400	Sixth Dynasty		Djedefre (8 yrs.) Chephre (?25 yrs.) Mycerinus (28 yrs.) Shepseskaf (5 yrs.) Khentkawes (?)
332	Late Dynastic Period Dyn. 21-31	2250		2520	

Note : There is still considerable disagreement among scholars as to the precise chronology for ancient Egypt and dates are therefore only approximate. The system adopted here follows that proposed by the Oriental Institute, University of Chicago. The tinted area indicates the period of main relevance for this book.

〈도표 2〉 고대 애굽 옛 왕국 시대의 왕조별 연대표

한 면의 길이가 230미터이며, 그 밑면적은 5만 2천 평방미터가 훨씬 넘는다는 계산이 나옵니다. 이 거대한 건조물의 내부 용적은 로마의 성 베드로 사원, 런던의 성 바울 성당, 웨스트민스터 사원, 밀라노의 대 사원들을 다 집어넣어도 남는다고 하니, 가히 그 규모를 짐작할 수 있을 것입니다.

여기에 사용된 돌은 세 군데의 채석장에서 잘라다가 사용하였을 것이라고 합니다. 피라미드 안에 사용된 돌은 건설 현장인 기자지구의 거친 사암을 잘라낸 것이라고 합니다. 그리고 외장용 석회암은 나일 강 건너편 무캇담 언덕에서 운반해 왔다고 합니다.

그리고 내부 화랑과 관을 안치하는 현실에 사용된 화강암은 저 멀리 남쪽 아스완 지방에서 채석하여 나일 강을 이용하여 나룻배에 싣고 960킬로미터 떨어진 이곳까지 실어 날랐다고 하니, 정말로 대단한 작업이었습니다. 그때는 철기시대가 아니었으니 석공들이 산에서 돌을 뜰 때에 요즘 같은 철 연장은 사용할 수 없었을 것입니다. 그러니 그들이 석회암을 잘라낼 때에는 석회암보다 더 강한 돌을, 화강암을 잘라낼 때에는 화강암보다 더 단단한 돌을 가지고 연장으로 사용하였음이 틀림없습니다. 그런 중에서도 그 시대 사람들이 돌을 다듬어 놓은 것을 보면 감탄하지 않을 수 없습니다.

4. 피라미드의 건설 과정

도대체 그 시대 사람들이 정확한 연대는 알 수 없지만 대체로 이야기할 때 쿠후 왕의 피라미드는 기원전 2600년 전후에 건설된 것으로 보고 있습니다. 어떻게 하여 이처럼 거대한 건축물을 쌓아올릴 수 있었을까요? 언젠가 〈리더스 다이제스트〉지에 수록된 "토목건축의 위대한 유산들"이란 제목으로 애굽의 피라미드를 다루었는데, 거기 보면 피라미드의 건설과정을 그럴싸하게 설명하고 있습니다. 그림으로 소개하면 다음과 같습니다(〈그림 2〉 참조).

암반에 판 홈과 주위에 둘러친 흙 언덕 사이에 물을 담은 것이 수준기의 구실을 했다.

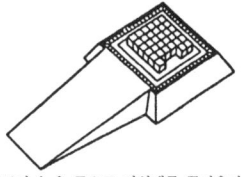

지상보다 높은 곳으로 건설재를 끌어올리기 위해서 램프가 만들어졌다.

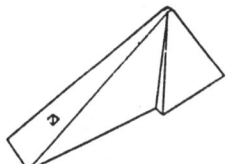

피라미드의 속 부분이 완성되었을 때, 램프는 꼭대기에 닿아 있었다.

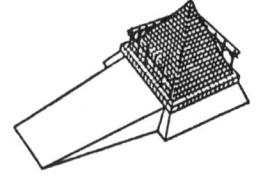

석회암의 외장공사가 꼭대기에서부터 진행되어 내려오면서 램프는 차츰 낮아졌다.

〈그림 2〉 피라미드의 건설 과정

5. 피라미드 내부의 모습

쿠후 왕의 피라미드 내부에는 모두 세 개의 내실이 있습니다. 그중 두 개는 피라미드 중심부에 있고 다른 하나는 피라미드 지반의 암반을 뚫어서 지하에 만들었습니다. 지하로 120미터 내려가서 있습니다. 여기에는 들어가는 길이 막혀 있어 들어가 볼 수가 없습니다.

피라미드 내부로 들어가는 입구는 피라미드의 북쪽 면의 거의 중간 지점에 있습니다. 지상에서부터 약 20미터 높이에 있습니다(〈그림 3〉의 ①부분). 그러나 현재의 출입구로 되어 있는 곳은 원래의 출입구가 아닙니다. 그보다 약간 밑에 있습니다. 도굴범들이 뚫어 놓은 것이라고 하기도 합니다만 어떤 책에서는 이 출입구는 기원 9세기경에 아랍의 칼리프 마아문이 뚫은

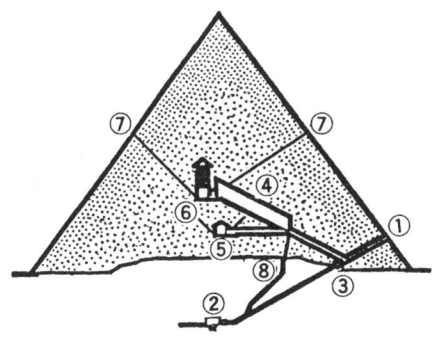

〈그림 3〉 쿠후 왕의 피라미드 내부

것이라고 합니다. 그래서 이 통로를 마아문 통로라고 부릅니다. 어떻든 출입구로 들어가면 원래의 통로와 마주치게 됩니다. 거기서부터는 낮은 통로를 허리를 굽혀서 올라가야 하는

데, 그 통로의 길이가 자그마치 36미터, 높이는 약 1미터 정도입니다. 〈그림 3〉에서 보면 ③에서부터 비스듬히 올라가는 통로로 되어 있는 곳입니다. 피라미드 중앙 밑 부분에 있는 내실(〈그림 3〉의 ⑤부분)은 왕후를 위한 현실이었다고 합니다. 그러나 그 속에 왕후의 미라가 들어 있었는지는 알지 못합니다. 입구가 지금은 철창문으로 막혀 있습니다. 그리고 그 지점에서부터는 천장이 아주 높고 통로의 폭도 상당히 넓은, 그래서 올라가는 쪽과 내려가는 쪽을 따로 구분하여 놓은, 올라가는 넓은 통로가 있습니다. ④번 통로를 말합니다. 이 통로로 올라가면서 천장을 쳐다보면 대단하다는 감탄사를 연발하지 않을 수 없습니다. 이 통로는 천장 높이가 8.5미터요, 길이가 47미터입니다. 그러면서도 힘겹게 올라가고 나면 그 다음에는 또다시 허리를 굽혀서 들어가는 짧은 수평 통로가 있고 그리고 맨 마지막에 이르는 곳이 쿠후 왕의 현실입니다.

이 방의 면적은 가로 세로가 각각 5.2미터, 10.8미터요, 높이는 5.8미터라고 합니다. 이 내실의 천장과 벽에 사용된 돌은 단단한 화강암으로서 멀리 아스완에서 가져온 돌들이라고 합니다. 이 방 안의 한쪽에는 왕의 미라를 넣어 두었던 한 쪽 모서리가 파손된 빈 석관이 놓여 있으며, 그 속에 미라는 물론 없습니다.

원래 이 피라미드를 설계하고 만들었을 때에는 이 방에는 통풍을 위한 두 개의 구멍이 뚫려 있었다는데 그 흔적은 볼 수 있으나 구멍이 막혀버렸고, 후손들이 통풍 시설을 해놓지 않아서 그 왕의 현실에 들어가 보면 아주 향기롭지 않은 향취(?)

가 코를 찌릅니다. 그렇지만 1년에 수백만 명의 관광객들이 몰려오고 있고, 줄을 이어서 이곳을 드나들고 있답니다.

6. 피라미드의 신앙

피라미드의 의미는 곧 옛 애굽인들의 신앙이라고 할 수 있습니다. 피라미드를 세우려는 충동은 육체가 죽은 후에도 영혼은 영원히 존재한다는 옛 애굽 사람들의 근본적인 신앙에 근거를 두고 있습니다. 그들은 현세의 땅이나 하늘과는 별도의 장소에 내세인 미래가 있다고 보았습니다. 내세는 신의 심판을 통과하여 영의 세계에 살도록 허락받은 죽은 사람들이 사는 곳이라고 믿었습니다. 그들이 신 앞에서 심판을 받기 위해서는 그들 종교의 신경을 알고 있어야 하며, 이승의 삶에 부족함이 없는 모든 것을 지니고 있어야만 한다고 믿었습니다. 예를 들면 실질적으로 사는 집, 먹을 것과 마실 것, 모든 세간, 심지어는 하인과 노예들까지도 포함되었다고 합니다.

그러나 무엇보다도 중요한 것은 그들의 영혼이 예전에 속해 있던 처소, 곧 육체로 다시 찾아갈 수 있도록 시신이 영원히 손상되지 않고 그대로 남아 있어야 한다는 것이었습니다. 이러한 신앙 때문에 그처럼 거대한 피라미드를 짓게 되었고 죽은 후에 그 시체를 미라로 만들었던 것입니다. 이것이 지금으로부터 4,600년 전 애굽 사람들의 신앙이었습니다(C.W. 쎄람 저, 안경숙 역, 《제신과 무덤》 pp.149-150). 그러나 아무리 그렇다고 해도 한 사람의 왕을 위하여, 그것도 죽은 왕 한 사람을 위하여 그처럼 많은 생명이 10년, 15년, 20년 동안 강제 노역에 동원되었다니 놀라울 따름입니다.

한 사람의 시체를 보호하기 위하여 이처럼 수백만 개의 돌덩어리가 사용되어 거대한 무덤을 만들어 놓은 것이 피라미드라는 것을 생각할 때 과연 애굽의 옛 군주들의 권력이 얼마나 엄청났었는가를 생각하게 되며, 그보다 한 걸음 더 나아가 그 권력 배후에서 저들을 그토록 만들어갔던 신앙의 힘이 어떠하였는가를 생각해 보게 됩니다.

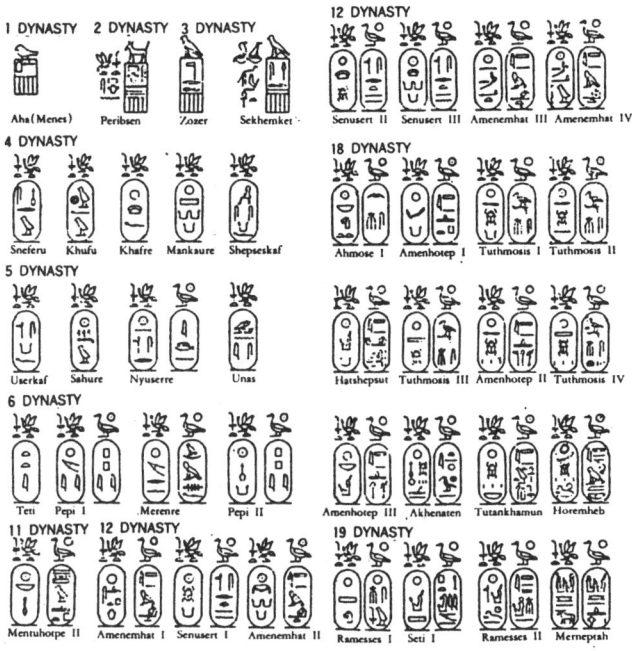

<도표 3> 상형문자로 된 옛 왕들의 이름표(카르투시)

기자의 스핑크스와
바로 왕의 보트

1. 기자의 스핑크스

앞장에서는 기자의 피라미드에 관하여 안내해 드렸습니다. 이번 장에서는 기자의 스핑크스와 바로 왕의 보트(The Boat of the King Pharaoh)에 대한 이야기를 해드리겠습니다. 기자의 스핑크스는 기자에 있는 세 개의 피라미드 중에서 두 번째 피라미드 신전 가까이에 있습니다. 말하자면 카프레 왕의 스핑크스라고 할 수 있습니다.

(1) 스핑크스의 역사와 의미

애굽 역사에서 볼 때 이 스핑크스는 고대 왕국 제4왕조 때에 만들어진 것입니다. 연대로 말하면, 카프레 왕은 기원전 2,600년경 사람이었습니다. 그러므로 기자의 스핑크스의 역사는 지금으로부터 4,600년 묵은 것이라고 볼 수 있을 것입니다.

이 스핑크스는 그 크기가 거대하며 다른 데서 돌을 옮겨다가 만든 것이 아닙니다. 그 자리에 있는 바위를 깎고 조각하고 다듬어서 만든 것입니다. 물론 석회암입니다. 그러므로 오랜 세월이 흐르는 동안에 많은 부분이 바람과 비에 풍화작용을 일으켜서 부서지고 떨어져버렸습니다. 스핑크스의 모습을 보면 몸은 사자이지만 머리 부분은 사람입니다. 몸체의 사자는 힘의 상징이요, 두상을 사람으로 한 것은 인간의 지혜를 의미한다고 봅니다. 여기의 거대한 스핑크스는 높이가 66피트(약 20미터), 앞뒤의 길이가 240피트(약 72미터)나 됩니다. 이 스핑크스의 얼굴은 물론 카프레 왕의 모습입니다.

스핑크스의 원래 의미는 무덤을 지키는 수호신입니다. 지금은 사자의 앞발 부분, 뒤꼬리 부분 등은 거의 형체를 찾아볼 수 없으리만큼 파손되어 있습니다. 근래에도 스핑크스의 보수 공사를 하던 중 어깨 부분에서 두 덩이의 큰 돌이 떨어졌다고 합니다. 무게가 약 300킬로그램이나 되는 큰 돌이 떨어져버렸습니다. 원래의 모습 가운데에서 지금은 찾아볼 수 없는 부분들이 많이 있는데 특별히 머리 부분에서 많습니다.

예를 들면, 원래는 머리에 왕관이 쓰여 있었다는데 지금은 볼 수 없습니다. 그리고 앞 이마에는 왕권(royalty)을 상징하는 코브라(Cobra)가 조각되어 있었는데 그것 역시 겨우 꼬리 부분만 남아 있는 정도입니다. 그리고 카프레의 얼굴에는 턱수염이 붙어 있었는데 그것도 떨어지고 없습니다. 여기에 붙었던 턱수염은 영국 사람들이 가져가서 지금 런던의 대영 박물관에 소장되어 있다고 합니다.

이 스핑크스가 조각된 지 4,600년이라는 엄청난 세월이 흘러갔기에 지금은 원래의 정교한 조각술과 미술 솜씨를 찾아보기는 어렵습니다. 처음 만들었을 때는 얼굴에 붉은 색칠을 하여서 마치 산 사람처럼 얼굴에 혈색이 있는 것처럼 보였다는 것입니다. 그리고 입 언저리에는 미소를 머금게 조각하였다고 합니다.

지금도 우리가 스핑크스 앞에서 정신없이 바라보면서 감상하자면(?) 아직도 얼굴에 붉은 혈색을 띠고 있는 것 같습니다. 그리고 입가에는 미소를 띠고 있는 듯한 느낌도 받을 수 있습니다. 그렇게 생각해서 그런지 모르지만 확실히 카프레 왕의 입술은 굉장히 두꺼웠던 것 같습니다. 큰 입과 두꺼운 입술이 매우 인상적입니다. 귀도 굉장히 크고 코도 상당히 높았던 것 같은데, 코는 파손당하여서 지금은 구멍만 남아 있습니다.

애굽의 어떤 책자에 보면 나폴레옹의 군사가 총으로 쏘아서 그와 같이 되었다고 합니다. 그러나 쎄람이 쓴 《제신과 무덤과 학자들》 중 '낭만적인 고고학 산책 제2부 피라미드에 관한 장'에 의하면 애굽 기병대가 대포를 쏘는 연습을 할 때 그 머리를 과녁(target)으로 쏘았기 때문이라고 합니다. 어느 말이 진짜인지 알 수는 없지만 어떻든 그와 같이 해서 현재 눈과 코는 구멍만 남아 있습니다.

(2) 스핑크스에 얽힌 이야기

스핑크스가 카프레 왕의 피라미드 앞에 세워진 것은 제4왕조 때의 일이지만 그후 오랜 세월 동안 모래 속에 파묻혀 있었다고 합니다. 그런데 이 스핑크스가 세상에 모습을 드러낸 데에는 재미있는 이야기가 있습니다. 이 이야기는 구약성경을 연구하는 데 특히 이스라엘 자손들의 출애굽 사건을 연구하는 데 귀중한 자료를 제공하여 주기도 합니다.

그 이야기는 대강 이렇습니다. 지금 우리가 스핑크스를 구경하러 가서 전면에 서서 보면 사자의 앞 양발 사이에 화강암으로 만든 돌비석 하나를 보게 되는데 그 비석은 툿투모세 4세(Tutmosis IV)가 만들어 세운 것입니다. 툿투모세 4세는 아멘호텝 2세의 아들이었습니다. 그는 어릴 때부터 사냥과 무술을 좋아했고 마음속으로 왕이 되고자 하는 야망도 가지고 있었으나 그런 처지가 못 되었습니다. 그는 장자가 아니었기 때문입니다.

그에게는 웨벤세누(Webenseenu)라는 형이 있었습니다. 그가 어느 날 스핑크스 근처에서 승마를 즐기다가 잠시 휴식을 취하면서 낮잠을 잤습니다. 그런데 꿈에 한 천사가 나타나서 그에게 말했습니다. "툿투모세 4세야! 사람을 데려다가 지금 누워 있는 그 자리를 파서 내 모습을 드러내라. 그러면 내가 네게 왕관을 씌워 주마." 이 같은 신기한 꿈을 꾸고 잠에서 깨어난 툿투모세 4세는 급히 말을 몰아 멤피스로 달려갔습니다. 몇 명의 인부들을 데리고 와서 자기가 누웠던 곳을 파 보았습니다. 바로 그 자리에서 오늘의 이 거대한 스핑크스를 발굴하게 되었다는 것입니다. 그리하여 그는 그 근처에 흙벽돌로 담을 치고 스핑크스 전면 지금의 위치에 돌비석을 세웠다고 합니다. 그리고 그는 꿈에 나타난 천사의 말대로 왕위를 이어받았습니다.

툿투모세 4세가 실제로 왕이 된 이유는 모세가 기록한 구약성경 출애굽기서를 연구하여 보면 알 수 있습니다. 모세가 이스라엘 백성들을 바로 왕의 손에서 구해낼 때, 그때의 바로가 순순히 그들을 내어주지 않았습니다. 바로의 마음이 강퍅하여 모세의 말을 듣지 아니할 때 하나님께서는 모세에게 권능을 주셔서 여러 가지 이적을 그 앞에서 행하게 하심으로 마침내 바로가 항복하게 되는데 그것이 열 가지 재앙입니다. 출애굽기 7장에서 11장에 기록된 이야기입니다. 그런데 그 마지막 재앙은 장자가 죽는 재앙이었습니다. 애굽 가운데 처음 난 것은 바로의 장자로부터 맷돌 위에 있는 여종의 장자까지 그리고 모든 생축의 처음 난 것까지 다 죽는 것이이었습니다. 그때 바로의 장자도 죽었습니다. 물론 청년의 나이였습니다. 그때의 바로가 아멘호텝 2세입니다. 곧 이스라엘 백성들이 출애굽하던 때 애굽의 바로가 바로 아멘호텝 2세라는 것입니다.

아멘호텝 2세의 무덤(룩소 왕가의 계곡에 있음)에는 그의 아들 웨벤세누가 함께 묻혀 있었는데, 그가 아버지보다 먼저 죽었기 때문입니다(Charles E. Aling, *Egypt and Bible History*, p.105). 이리하여 아멘호텝 2세의 왕위를 툿투모세 4세가 이어받게 되었습니다.

툿투모세 4세가 왕위에 앉은 것은 대개 기원전 1423년에서 1417년이라고 보는데, 그는 오래 살지 못하고 일찍 죽은 것 같습니다. 왕위에 불과 몇 년밖에 있지 못하였습니다. 이스라엘 백성들이 출애굽 한 후에 애굽을 통치한 애굽 왕이 바로 툿투모세 4세였습니다.

2. 체오프스 왕의 보트(The Boat of King Cheops)

기자의 제일 큰 피라미드는 - 기자에 있는 세 피라미드 중에서 제일 높을 뿐만 아니라 제일 먼저 지어진 것이기도 합니다 - 체오프스(Cheops) 왕의 피라미드입니다. 이 피라미드 동쪽으로 돌아가면 거기 바로 왕이 타던 보트가 전시되어 있습니다. 이 배는 체오프스 왕이 타던 배였다고 하는데, 그것을 완전히 분해하여 피라미드 동쪽에 땅을 파고 묻어두었던 것을 1954년 애굽인 고고학자요, 동시에 애굽 학자(egyptologist)면서 알 아흐람 신문의 편집인이기도 했던 카말 엘 말렉(Kamal el Mallak)이 발견했습니다. 체오프스 왕의 피라미드 동쪽에 깊은 홈(구덩이)을 파고 그가 타던 보트를 분해하여 넣은 다음 그 위에 커다란 돌을 덮고, 흙으로 묻어 놓았던 것입니다.

모두 651조각으로 맞추어서 만든 이 보트는 아주 단단하고 질이 좋은 나무를 재료로 해서 만들었는데, 이 나무들은 당시 레바논에서 수입하여 온 백향목입니다.

옛날 솔로몬도 예루살렘에 성전을 지을 때 레바논의 백향목으로 지었습니다. 레바논의 백향목이 얼마나 단단하고 윤기 있고 좋은 재목이었는지는 직접 가서 보면 알게 될 것 같습니다. 백문(百聞)이 불여일견(不如一見)이라 했으니 말입니다. 가서 반만 년 전에 만든 보트를 보시기 바랍니다.

그런데 이 배는 무엇에 사용되었던 것인가에 대해서는 두 가지 주장이 있습니다. 그 하나는 왕이 죽으면 장례 지낼 때 사용하던, 즉 왕의 죽은 시체를 운반하는 배였다는 학설입니다. 그런가 하면 이 배가 왕의 유람선이었다는 주장도 있습니다. 이들 주장에 대하여서 확실한 근거는 없는 것 같습니다. 어쨌든 왕이 타던 배(royal ship)인 것만은 틀림없습니다.

호와드 카터가 끈질긴 집념과 노력으로 투탄크아문 왕의 무덤을 발견한 것처럼 카말 엘 말렉은 그의 예리한 관찰력과 판단으로 이 엄청난 수확을 얻어냈다고 볼 수 있습니다. 그는 피라미드 근처를 살펴보던 중 특별히 체오프스 왕의 피라미드 주위에서 이 피라미드의 남쪽 부분의 경계벽이 동쪽이나 서쪽에 비해서 눈에 띌 만큼 피라미드와 인접해 있다는 것을 발견했습니다. 그래서 분명히 여기에 무언가를 숨겨두었을 것이라는 확신을 가졌던 것입니다.

그렇게 찾아낸 왕의 보트는 아흐마드 요셉 무스타파에 의해서 원래의 모양대로 조립했습니다. 조립을 완성한 배의 크기는 길이가 43.4미터, 폭 5.9미터, 높이가 7.5미터의 거대한 보트입니다. 배를 발견한 바로 그 위에 이 배를 전시하기 위한 박물관(Boat Museum)을 지어서 왕의 보트를 전시하고 있습니다. 이 박물관에 들어가는 데는 별도의 요금을 내야 합니다.

〈그림 4〉 체오프스 왕의 보트를 발굴한 장소와 보트 박물관

3
카이로 국립박물관

 세계 여러 나라를 다니면서 유명하다고 하는 박물관들은 거의 다 구경하여 보았지만, 그중에서도 가장 인상적이고 생동감을 주는 곳은 아무래도 카이로 박물관인 것 같다는 이야기를 들어 본 적이 있습니다. 필자는 아직까지 세계적인 박물관을 다 구경하지는 못했지만 카이로 박물관의 경우 카이로에 오래 산 덕분에, 자의 혹은 타의로 1년에 네다섯 번 이상 가보았습니다.

 그렇다고 하면 지난 30년 동안 몇십 번이나 갔는지 횟수를 헤아리기 어렵습니다. 어떤 때는 동행한 손님의 사정에 따라 그야말로 주마간산 격으로 30~40분 이내에 한 바퀴 빙 돌아서 나오는 경우도 있습니다. 그러나 그런 식으로 보아서는 별 의미가 없을 것 같고, 그래도 위·아래층을 대충이라도 다 살펴보려면, 게다가 어느 정도 관심 있는 곳에서 잠시 발걸음을 멈추고 음미를 하게 되면 최소한 두세 시간은 걸릴 것입니다. 다시 말하면 카이로 박물관의 크기와 규모가 그처럼 광대하다는 것입니다. 그런 의미에서도 카이로 박물관은 세계적인 박물관 중의 하나인 것이 틀림이 없습니다.

 카이로 박물관을 개관한 것은 1902년입니다. 카이로 박물관에 소장되어 있는 유적, 유물품들의 수량은 12만 점을 넘는다고 합니다. 가히 그 규모를 짐작할 수 있습니다. 카이로 박물관에서 소장하고 있는 유물품들 중 중요한 품목들만을 우선 소개하면 대개 다음과 같습니다.

첫째, 새왕국시대(New Kingdom Period), 곧 제18왕조에서 20왕조까지의 왕과 왕후들의 미라(Mummy)를 전시하여 놓은 미라 전시실이 있습니다. 그중에는 아모세 1세(18왕조 첫 번째 왕)의 것부터 툿투모세 1세, 2세, 3세, 아멘호텝 2세, 3세 등의 미라가 박물관 2층 미라 전시실에 전시되어 있습니다.

둘째, 옛왕국시대로부터 중간왕국 그리고 새왕국시대에 이르는 각 시대별로 왕들의 무덤 신전들에서 발굴해 놓은 그들의 석관, 석실, 석상 그리고 스핑크스 등이 수없이 많이 전시되어 있습니다.

셋째, 박물관 2층은 대부분의 투탄크아문 왕의 무덤(룩소의 왕가의 계곡)에서 발굴해 놓은 것들입니다. 투탄크아문 왕의 무덤 발굴은 1922년에 이루어졌으니 불과 100년도 채 되지 않습니다. 영국의 고고학자 호와드 카터(Howard Carter)가 발굴한 것입니다. 카이로 박물관의 하이라이트는 아무래도 박물관 2층 투탄크아문 왕의 전시실일 것입니다. 투탄크아문 왕의 무덤에서 발굴하여 낸 물품 수는 무려 3500여 점입니다. 그러나 현재 전시되어 있는 것은 그중 절반 정도인 1700여 점이고 나머지는 그대로 창고에 쌓여 있다고 합니다.

넷째, 1층 오른쪽(동쪽) 곧 전시관 제35호실, 34호실, 39호실 그리고 2층 39호실, 50호실 등에는 그리스 로마시대(Greek-Roman Period)의 유물품이 전시되어 있습니다. 그리스 로마시대 것들의 대부분은 알렉산드리아 박물관에서 볼 수 있으니 그곳의 안내를 참조하시기 바랍니다.

카이로 박물관은 매일 오전 9시부터 오후 4시까지 관람할 수 있습니다. 단 금요일은 오전 11시에서 오후 1시까지 두 시간 동안은 출입을 금지하고 있습니다. 티켓 요금은 성인 1인당 60파운드이며, 학생은 그 절반입니다. 그리고 카메라를 가지고 들어갈 경우 추가요금을 내야 합니다.

박물관에 들어가기 전에 먼저 간단한 애굽 역사 이해부터 하시고 들어가는 것이 퍽 유익할 것 같아 고대 애굽 역사에 극히 단편적인 부분(시대 구분 정도)을 소개해 드리겠습니다.

애굽 역사는 기원전 3200년 이상으로 거슬러 올라갑니다. 그 시대를 가리켜서 왕조이전시대(Predynastic Period)라고 합니다. 그리고 그 다음에 이어지는 시대를 왕조시대(Dynasty Period)라고 합니다. 왕조시대는 다시 크게 구분하여 옛왕국시대, 중간왕국시대, 힉소스 시대, 새왕국시대, 근왕조시대 그리고 근세시대로 나뉩니다.

옛왕국시대(Old Kingdom)는 왕조로 말하면 제3왕조에서 제6왕조까지의 시대를 말하며, 연대로 말하면 기원전 2700년부터 2230년까지로 보고 있습니다. 이때의 애굽의 수도는 멤피스였습니다. 그리고 이때를 가리켜서 '피라미드 건축시대' 라고 하기도 하는데 애굽의 모든 피라미드가 다 이 시대에 지어졌기 때문입니다. 사카라에 있는 계단식 피라미드는 피라미드로서는 최초로 지어진 것인데 그 피라미드의 주인공인 조서 왕은 제3왕조 때의 왕입니다.

기자 벌판에 있는 세 개의 거대한 피라미드들은 모두 제4왕조 때에 건축한 것들입니다. 그 외에도 애굽에 있는 크고 작은 피라미드가 80여 개 모두가 다 이 시대에 건설한 것입니다.

그리고 그 다음에 이어지는 제10왕조에서 17왕조까지를 중간왕국시대라고 합니다. 중간왕국시대 중의 얼마간을 가리켜서 힉소스 시대라고 하는데, 제15왕조에서 17왕조에 해당합니다. 이 시대는 애굽으로 말하자면 이방 민족 통치 시대라고 할 수 있겠습니다. 약 100년간 계속되었습니다.

그 다음 제18왕조에서 20왕조까지의 기간을 새왕국시대라고 하는데, 기원전 1580년에서 1085년까지의 기간입니다. 이 시대가 애굽으로서는 전성시대였다고 해도 좋을 것입니다. 18왕조의 첫 번째 왕은 아모세 1세였습니다. 그가 힉소스 족을 몰아내고 상하 애굽을 통일하였습니다. 그리고 그 뒤를 이어받은 툿투모세 1세, 2세, 3세 하셉슈트 그리고 아멘호텝 2세, 3세, 툿투모세 4세, 투탄크아문, 호렘합 등이 모두 제 18왕조의 왕들이었습니다.

람세스(Ramses)라는 이름이 붙은 바로들은 전부가 19왕조와 20왕조에 속합니다. 그리고 제21왕조에서 30왕조까지를 근왕조시대(Late Dynastic Period)라고 하며 기원전 1085년에서 332년까지로 봅니다.

이 근왕조시대 중에서 제27왕조 시대(기원전 525~404년)는 페르시아(바사)의 통치를 받던 시대입니다. 다니엘서 혹은 에스라서나 느헤미야서 등에 나오는 고레스 왕, 다리오 왕 그리고 에스더서에 나오는 아하수에로 왕과 그의 아들 아닥사스다 왕 등이 애굽의 제27왕조를 메우는 바사의 왕들입니다. 애굽의 왕조는 30왕조로서 끝이 납니다.

그 다음에 이어지는 시대는 톨레미 왕조 시대라고 합니다. 이는 알렉산더 대왕이 알렉산드리아에 도시를 건설한 기원전 332년부터 시작되는 시대입니다. 말하자면, 헬라인의 통치 시대입니다. 알렉산더 대왕이 죽고 그 뒤를 이어받은 사람이 톨레미(Ptolemy)입니다. 그가 바로 톨레미 1세입니다. 톨레미 1세가 죽은 후 그 아들 톨레미 필라델푸스가 톨레미 2세로 왕위에 올랐습니다. 톨레미 2세 때에 알렉산드리아 도서관이 준공됐고 세계 7대 불가사의 중의 하나인 바로의 등대가 세워졌다고 합니다. 그리고 그가 이룩한 눈부신 업적 중의 하나는 그의 시대에 70인역본이 나왔다는 것입니다. 히브리어로 기록된 구약성경을 헬라어로 번역한 것입니다. 톨레미 왕가는 기원전 30년까지 계속됩니다.

톨레미 왕조의 마지막을 장식하는 왕이 바로 우리가 잘 아는 클레오파트라 여왕입니다. 클레오파트라는 톨레미 12세의 공주였습니다. 클레오파트라는 미모의 여인이었기 때문에 로마 황제 가이사(Julius Caesar)가 그녀에게 빠졌다는 것입니다. 톨레미 시대가 끝난 다음부터 이어지는 시대는 로마정복시대와 비잔틴 시대입니다. 기원전 30년부터 기원후 395년까지를 가리켜 로마정복시대라고 합니다.

로마 황제 가이사 아구스도 시대에 예수 그리스도께서 탄생하셨고, 그때의 유대 왕은 헤롯이었습니다. 로마정복시대 다음에 이어지는 시대는 비잔틴 시대, 곧 동로마시대인데 기원후 640년까지입니다.

카이로 박물관은 크게 나누어 1층과 2층입니다. 먼저 1층부터 안내하고 순서에 따라 2층을 안내하여 드리겠습니다.

입구에서 티켓을 보여준 다음 안으로 들어서면 왼쪽부터 먼저 구경하는 것이 좋습니다. 그래서 시계 방향으로 돌면서 구경을 하면 됩니다. 다시 말하면 제47호실 전시실, 46호실, 41호, 42호실 이런 식으로 하여 맨 북쪽까지 가서 전시관 제3호실을 들른 다음 계속해서 9호실, 10호실, 15호실, 14호실 이런 식으로 하여 50호실, 49호실까지 들러 나오면 다시 박물관 입구에 이르게 됩니다. 이번에는 입구에서 중앙을 향하여 들어갑니다. 곧 제48호실, 43호실 그리고 작은 계단을 내려가서 33호실, 28호실 등을 둘러보고 제18호실, 작은 계단을 거쳐서 13호실, 8호실 그리고 왼쪽으로 방향을 바꿔 2층으로 올라갑니다.

좀 더 구체적으로 1층 전시실에 대해 말씀드리겠습니다. 우선 입구에서 제47호 전시실(벽에 보면 전시실 번호가 아랍어와 아라비아 숫자로 크게 적혀 있습니다)에서 구경할 수 있는 것은 가장 오래된 시대의 유물입니다. 그러므로 앞에 말한 순서대로 관람하면 옛왕국시대의 것으로부터 중간왕국시대 그리고 새왕국시대로, 시간순으로 보게 되는 것입니다.

47호 전시실에 들어서서 오른쪽으로 보면 멘카우레 왕과 두 여신을 새겨 놓은 화강암 석상이 있습니다. 서로 비슷한 것들이 두 개 있습니다. 전시물 번호 149번과 180번입니다. 멘카우레 왕은 제4왕조 때의 왕으로서 카후레 왕의 아들이며 기자 피라미드 세 번째 것이 그의 피라미드입니다.

기자에 있는 피라미드 세 개 중 제일 큰 피라미드의 주인인 쿠후 왕의 석상은 2층 제8호 전시실에 있습니다. 그리고 바로 그 사이에 석회석으로 된 시체를 넣어 두었던 석실이 있는데 석실 내벽에는 채색 그림이 그려져 있습니다. 이런 것들은 모두 옛왕국시대, 곧 지금으로부터 4600년 전의 것들입니다. 그리고 41호실(복도)에서는 제4왕조 때의 왕이요 기자 피라미드 중의 두 번째 것의 주인공인 체푸레 왕의 화강암 석상이 있는데, 머리 부분과 오른쪽 팔 부분이 부서져 버리고 없습니다. 전시물 번호 76번입니다.

그 다음 제42호 전시실 안으로 들어가면 거기 역시 체푸레 왕의 화강암 석상이 있는데(전시물 번호 138번), 자세히 살펴보면 그의 뒷머리 부분에 호루스 신이 날개를 펴서 그를 포옹하고 있는 모습을 볼 수 있습니다. 그리고 이 방에서 관람할 수 있는 것은 고대 애굽의 어느 한 학사가 편좌하고 앉아서 무릎 위에 파피루스 두루마리 책을 펴서 읽고 있는 모습의 그리 크지 않은 석회석상입니다(전시물 번호 41번). 이 학사는 공부를 너무 많이 해서 눈이 충혈되어 있는데, 손전등을 가지고 비춰 보면 더욱 분명하게 눈에 핏줄이 서 있는 것을 볼 수 있습니다. 앉은 높이 51센티미터, 폭 41센티미터 정도의 크기입니다. 이 석상은 사카라에서 발굴한 것이며 제5왕조(기원전 2475년) 때의 것입니다. 그 시대에 벌써 파피루스 종이를 만들었고 그것을 이용해서 두루마리 책을 만들었다니, 고대 애굽의 문명은 과연 수준이 대단한 것 같습니다.

그리고 같은 방 전시물 번호 140번은 어느 마을 촌장의 나무로 깎아 만든 목상이 있는데, 이 촌장은 대머리였던 것 같습니다. 신장이 112센티미터 크기이며 역시 사카라에서 발굴한 제5왕조 때의 것입니다.

그 다음 제32호 전시실로 들어가면 거기서도 역시 42호실에서 볼 수 있었던 학사의 목상 하나를 볼 수 있습니다. 42호실에서 본 학사는 석회석상이었지만, 이곳에서 구경할 수 있는 학사의 상은 석상이 아니라 목상입니다. 이 학사 역시 앉아서 파피루스 두루마리 책을 무릎 위에 얹어 읽고 있습니다. 이 방 역시 고대 애굽 옛왕국시대에 속하는 유물품들이므로 연대가 적어도 4000년 이전의 것들이라는 것을 알 수 있습니다. 그때 이미 애굽에는 종이와 문자가 있었다는 이야기입니다. 고대 애굽의 학문과 기술의 수준이 대단하였다는 것은 우리가 다 잘 알고 있는 사실입니다.

특히 고대 애굽에서 발달하였던 학문과 기술은 천문학, 수학, 건축술입니다. 피라미드를 쌓을 정도의 건축술이 이미 4~5000년 전부터 발달하였다는 것을 생각할 때 놀라울 뿐입니다. 또한 애굽에서는 고대로부터 마술이 유명했습니다. 마술의 본 고장이 곧 애굽이었다는 것입니다. 출애굽기서를 읽어 보면 가히 고대 애굽의 마술사들의 실력을 짐작할 수 있습니다. 그리고 애굽에서는 옛날부터 나일 강의 갈대를 가지고 종이 만드는 기술을 발명하였는데, 곧 파피루스입니다. 파피루스의 발명과 문자(상형문자)의 발명은 고대 애굽의 문화와 문명이 더욱 발전할 수 있었던 중요한 매체가 되었습니다.

이 방(32호)에서 빼놓지 않고 보아야 할 것은 방 오른쪽 구석에 있는 채색 그림 한 폭입니다(전시물 번호 136번). 이 그림은 세계에서 가장 오래된 채색 그림입니다. 기원전 2620년 제4왕조 때에 그려진 벽화입니다. 사카라 근처에 있는 메둠의 어느 석실분묘 벽에 그려져 있는 그림을 그대로 박물관에 옮겨다 놓은 것입니다. 여섯 마리의 거위가 풀밭에서 아주 평화스런 모습으로 먹이를 주워 먹고 있는 그림입니다. 세 마리는 오른쪽으로, 다른 세 마리는 왼쪽으로 향하고 있습니다.

그림을 자세히 살펴보면 거위의 입 안에는 이빨까지 그려져 있는 것이 분명하게 보입니다. 그림 솜씨도 대단하지만 4600년 동안 색채가 그대로 남아 있는 것으로 보아 채색술이 얼마나 발달했는가를 가히 짐작하고도 남습니다. 그림의 크기는 길이 1미터 72센티미터, 폭 27센티미터입니다. 그리고 32호실 전시실 왼쪽 입구 있는 쪽을 보면 청동으로 된 동상(statue) 하나가 서 있는데, 이는 페피(Pepi)와 그 아들의 모습이라고 합니다. 실제 크기의 상입니다.

그 다음 전시실, 즉 27호실에서부터 22호실, 21호실(복도)의 것들은 모두가 다 중간왕국시대의 유물들입니다. 그렇게 보아서 그런지 모르지만 이 시대의 것들은 뭐 특별한 것이 없는 것 같습니다. 그런데 거기에는 그럴 만한 이유가 있습니다. 이 시대는 애굽으로 말하면 정치적으로 상당히 불안한 때였습니다. 이 시대의 상당한 부분을 힉소스 족이 다스렸고(제15~17왕조), 국내적으로 나라가 어지러웠던 때였습니다. 나라가 어지럽고

국력이 쇠약하였으니 이방 민족이 들어와서 나라를 삼켜버린 것입니다. 때문에 그 시대에는 문화적으로 그렇게 특기할 만한 것이 없습니다.

그 다음에 이어지는 방은 전시실 12호실입니다. 전시실 제12호실은 새왕국시대의 유물품들이 전시되어 있는 방입니다. 필자에게는 대단히 관심 있는 방이기도 합니다. 이 방에 들어서면 정면을 향하여서 앞쪽 중앙 뒤쪽에 실제 크기와 비슷한 '신성한 소의 신상'과 '신성한 소의 석실 신당'이 있습니다. 이 소의 신상은 제18왕조 아멘호텝 2세 때의 것이라고 합니다. 소의 신상을 자세히 살펴보면 소의 양 뿔 사이에는 둥근 원반 같은 것이 얹혀 있는데 그것은 태양을 상징하는 것입니다. 이는 곧 태양신을 나타내는 것입니다.

옛날부터 애굽 사람들은 태양신을 신 가운데 제1의 신으로 섬겼습니다. 그리하여 태양 신전을 여러 곳에 짓기도 하였고 바로 왕 자신이 '태양의 아들'이라는 이름으로 이름을 짓기도 하였습니다. 아멘호텝, 아케나텐, 투탄크아문 등의 이름이 다 그러한 뜻을 지닌 이름들입니다. 그리고 신당 내벽에는 여러 가지 그림 가운데 소의 신상 바로 뒤쪽 벽에 툿투모세 3세와 그의 부인이 앉아 있는 그림이 있습니다. 툿투모세 3세는 아멘호텝 2세의 아버지입니다. 이 신성한 소 바로 앞에 서 있는 모습 역시 툿투모세 3세입니다.

그리고 그 오른쪽 벽을 보면 하셉슈트 여왕의 석상이 하나 있습니다. 전시물 번호 952번입니다. 그런데 하셉슈트 여왕의 모습을 자세히 보면 그의 마스크와 복장은 툿투모세 3세의 모습입니다. 하셉슈트는 툿투모세 1세의 공주로서 이복형제인 툿투모세 2세의 부인이었습니다. 그러나 그녀에게는 아들이 없고 딸이 하나 있었습니다. 그리하여 툿투모세 2세가 다른 여인(첩) 이시스와 관계하여 낳은 아들이 툿투모세 3세입니다. 툿투모세 2세는 일찍 죽고 말았습니다.

툿투모세 3세가 왕위를 이어받았지만 그의 나이가 너무 어려서 하셉슈트가 툿투모세3세를 간섭하면서 섭정을 했습니다. 간섭 정도가 아니라 아예 툿투모세 3세를 가택연금시켜 놓고 자신이 왕의 행세를 하였던 것입니다. 20년간을 그와 같이 하였습니다. 하셉슈트가 죽은 후 툿투모세 3세가 왕권을 회복하고는 하셉슈트의 미라를 비롯, 그의 신전 석상, 그가 사용하던 모든 것을 발견되는 대로 눈앞에서 없애버렸다고 합니다.

제12호실 전시실 정면 왼쪽에는 툿투모세 3세의 석상이 있고(전시물 번호 450번), 툿투모세 3세의 석상이 하나 더 이 방에 있습니다. 그리고 툿투모세 3세의 생모인 이시스의 석상도 있습니다. 그리고 그 맞은편에는 아멘호텝 2세의 석상도 있습니다.

아멘호텝 2세는 툿투모세 3세의 아들이었으며, 아버지를 닮아서 포악한 왕으로 유명했습니다. 출애굽기서에 나오는 모세와 겨루었던, 그러나 결국은 이스라엘 백성을 출애굽 해주고만 애굽의 바로가 바로 아멘호텝 2세였다고 봅니다(기원전 1450~1425년).

지금까지 안내하여 드린 12호 전시실에서 나와서 오른쪽을 보면, 한가운데 얼굴의 주요 부분만 남아 있는 석회석으로 된 모습이 받쳐져 있는 것을 보게 되는데 바로 하셉슈트 여왕의 얼굴입니다. 다른 곳에 있는 그녀의 석상에서는 그녀의 얼굴을 볼 수 없습니다. 역시 툿투모세 3세의 모습을 하고 있습니다.

제7호 전시실(복도)에도 여러 개의 스핑크스들이 전시되어 있는데, 그중에 맨 앞에 있는 것이 하셉슈트 여왕의 것입니다. 그러나 그것 역시 얼굴은 툿투모세 3세의 얼굴입니다. 그녀는 여자이면서도 남자의 모습과 남자의 복장을 하였다고 합니다. 무언가 잘못된 것이 아닌가 싶습니다.

제3호 전시실은 아케나텐 왕의 전시관입니다. 이 방에는 아케나텐 왕과 그의 가족들이 아텐(태양신)에게 제물을 바치고 있는 모습의 비석이 있습니다. 아케나텐 왕은 제18왕조 때의 왕으로 그는 수도를 텔 엘 아마르나로 옮겼던 왕이기도 합니다. 그리고 그의 시대에 대표적으로 태양신 숭배가 성하였다고 합니다.

1층 복도 중앙, 아케나텐 왕의 전시실 맞은편에 조금 들어가면 큰 비석 하나가 있습니다. 메렌프타와 아멘호텝 3세(툿투모세 4세의 아들, 기원전 1417~1379년)의 비석입니다. 비석 전면은 아멘호텝 3세의 것이요 그 이면은 메렌프타의 비석입니다. 메렌프타(기원전 1236~1223년)는 람세스 2세의 아들입니다. 메렌프타 왕의 비문에는 다음과 같은 글들이 적혀 있다고 합니다. "아스글론(가나안의 성읍)은 정복되었다. 가나안은 유린되었다. 이스라엘은 황폐해졌다. 그 씨는 더 이상 존재하지 않는다. 시리아는 애굽으로 인하여 과부들의 나라가 되었다. 모든 땅들이 평정되었다." 이 비문의 내용이 출애굽의 연대를 메렌프타 왕 때였을 것이라고 주장하는 자료가 되기도 합니다.

제3호 전시실(1층 북쪽 중앙)에서 나와서 곧장 앞으로 나아가서 오른쪽(동쪽)으로 가면 근왕조시대 그리고 그리스 로마 시대의 유적들과 유물품들을 관람할 수 있습니다. 이리하여 입구 가까이 있는 전시관, 곧 제49호 전시실에서 우리는 고대 애굽 사람들이 미라를 만들 때에 사용하였던 돌로 된 수술대를 구경할 수 있습니다. 전시물 번호 6286번입니다. 그때 미라를 만들기 위해서는 총 70일이 소요되었다고 합니다.

창세기 50장 1-3절에 보면 이런 말씀이 있습니다. "요셉이 그의 아버지 얼굴에 구푸려 울며 입맞추고 그 수종 드는 의원에게 명하여 아버지의 몸을 향으로 처리하게 하매 의원이 이스라엘(야곱)에게 그대로 하되 사십 일이 걸렸으니 향으로 처리하는 이 날수가 걸림이며 애굽 사람들은 칠십 일 동안 그를 위하여 곡하였더라." 미라를 만드는 데 그 정도의 날 수가 필요하였다는 이야기입니다.

제43호 전시실(입구 바로 앞쪽)에 가보면 제3왕조 때의 왕이요 사카라에 있는 계단식 피라미드를 쌓은 조서 왕(기원전 2680년)의 석회석상을 구경할 수 있습니다. 실제 크기의 석상입니다. 굉장히 오래된 것이라고 볼 수 있습니다. 사카라에 있는 그의 피라미드 속에서 발굴하였는데, 사카라 계단식 피라미드 북쪽에서도 그의 조그마 한 석상 하나를 볼 수는 있습니다.

조서 왕의 석상 맞은편 (박물관 입구 맞은편)에서 볼 수 있는 것이 있는데, 로제타 스톤입니다. 로제타 스톤의 원본은 런던의 대영박물관에 있고 카이로 박물관의 것은 모형입니다.

이 돌이 발견됨으로써 애굽의 고대문자인 상형문자를 해독하게 되었습니다. 굉장한 공헌을 한 돌로서 지중해변 로제타에서 발견되었습니다. 그리고 중앙에 있는 38호실(작은 계단)을 내려가서 33호실과 8호실에서도 한두 가지 볼 만한 것이 있습니다. 모자이크 조각화와 나일 강에서 타고 다니던 나무 보트도 구경할 수 있습니다. 그리고 곧장 나가서 왼쪽으로 방향 2층 전시실로 올라가게 됩니다.

2층 계단으로 올라가면서 오른쪽을 보면(6호 및 7호 복도 전시실) 나무로 만들어 그 위에 금으로 입힌 투탄크아문 왕의 무덤집(wooden shrines) 네 개가 나란히 있습니다. 큰 것부터 작은 순서로 전시하여 놓았습니다.

출애굽기서에 보면 이스라엘 자손들이 출애굽하여 광야 생활을 하고 있을 때 하나님께서 모세에게 성막을 짓고 성막의 여러 기구들을 만들라고 하시는 말씀이 있습니다. 그런데 거기 보면 번제단이나 떡상 혹은 분향단 같은 것을 만들라고 하시면서 그 재료는 조각목으로 하고, 분향단이나 떡상 같은 것은 나무 위에다 정금으로 입히라고 하신 말씀이 있습니다. 그처럼 투탄크아문 왕의 무덤집의 경우 그와 비슷합니다. 그 재료가 조각목이었는지는 알 수 없지만 옛날 애굽에는 흔한 나무가 조각목이었다고 합니다.

제13호 전시실에는 옛 바로인 투탄크아문 왕이 타던 전차(chariot), 단단한 나무 바퀴로 만들고 거기에 금박으로 입힌 두 마리의 말이 끌고 달리는 전차 대여섯 대가 있습니다. 솔로몬이 애굽에서 말과 병거를 수입했다는 말이 역대하 1장 16-

17절에 있습니다. 복도에 있는 9호 전시실과 제10호 전시실에는 투탄크아문 왕의 무덤 속에서 발굴하여 낸 왕이 신던 샌들, 천으로 만든 손장갑 등을 구경할 수 있고, 왕이 사용하던 황금 침대들도 구경할 수 있습니다. 태양을 가리기 위하여 만든 양산, 왕이 베던 상아로 만든 상아 머리받침, 금으로 만든 황금 머리받침, 나무로 만든 목침 등을 볼 수 있습니다. 그 옆에는 무덤 속에서 발굴해 낸 각종 곡물의 씨앗, 곧 수박, 참외, 보리, 밀, 마늘, 양파 그리고 이름 모를 각종 꽃씨 등이 전시되어 있습니다.

제4호 전시실에는 투탄크아문 왕의 황금 마스크를 비롯하여 그의 미라를 넣어 두었던 황금 관(gold coffin)이 있는데, 이 관을 만드는 데 순금 113킬로그램이 사용되었다고 하니 놀랍습니다. 그리고 그가 사용하던 갖가지 귀중품과 여러 가지 액세서리들이 진열되어 있습니다. 이 방이 카이로 박물관의 하이라이트라고 합니다. 투탄크아문 왕은 애굽의 바로 중에서 가장 나이 어릴 때에 왕이 되어(9세) 왕위에 불과 10년밖에 있지 못하고 단명한 왕인데, 그런 왕의 무덤에서 이처럼 기가 막힐 정도의 유물품들이 발굴되었다니 놀라지 않을 수 없습니다.

남쪽을 향하여 복도를 걸어 나오면서 살펴보면 알라바스타 돌로 만든 여러 모양의 항아리들이 있는데 그중에는 향수를 담았던 옥합과 그 속에 등불을 넣어서 불을 켰던 것도 있습니다. 그리고 왕이 앉던 황금의자도 구경할 수 있습니다. 여러 종류의 활, 전통, 화살, 왕이 짚던 지팡이들이 있습니다. 복도 맨 끝 가까운 데에는 장례의 신 아누비스의 상이 있습니다. 아누비스의 모습은 검은색 재칼(여우와 이리의 중간형 짐승)인데, 사람이 죽으면 그 영혼을 저 세상의 심판주 앞으로 인도하는 신이라고 믿었습니다. 이것 역시 투탄크아문 왕의 무덤 속에서 발굴한 것입니다.

걸어 나오다가 오른쪽으로 들어가 보면 옛 애굽인들의 농기구, 생활용품들을 구경할 수 있습니다. 그중에 놋으로 만든 거울(출 38:8)들도 볼 수 있습니다.

복도 남쪽 끝까지 나온 다음 이번에는 시계방향으로 돌아서 서쪽에 있는 전시실을 북쪽 방향으로 가면, 거기에는 대개 시체를 넣어두었던 나무로 만든 관들이 진열되어 있습니다. 그중에서 더러는 미라의 모습도 볼 수 있습니다. 물론 사람의 얼굴이나 손, 발 등의 부분이 천으로 싸여 있는 상태입니다. 옛 바로 왕들의 미라 전시실은 2층 제52호실인데 이 방은 개관하지 않습니다. 옛 왕들과 왕들의 미라를 유리관 속에 넣어두었습니다. 수천 년이 지난 옛 왕들의 모습을 너무 생생하게 바라볼 수 있습니다. 손의 지문이며 눈썹까지 그대로 남아 있습니다. 그러나 고 사다트 전 대통령의 특별 지시로 미라실은 문을 닫았습니다. 1981년의 일입니다. 그러다가 언젠가부터는 2층 맨 동쪽, 곧 왼쪽에 별도의 미라실을 만들어 특별요금을 받으면서 관람을 시키고 있습니다. 새왕국시대의 몇몇 왕들과 왕후들의 미라를 관람할 수 있습니다.

4
멤피스와 사카라

1. 멤피스

멤피스는 기자 피라미드 있는 데서부터 시내 쪽으로 조금 나오다가 오른쪽으로 꺾어서 운하변을 따라 계속해서 약 18킬로미터쯤 남쪽으로 내려가면 이르게 됩니다. 사카라에서는 불과 1.6킬로미터밖에 되지 않습니다.

역사가 헤로도토스에 의하면 멤피스는 고대왕국 제1왕조의 첫 번째 왕인 메네스가 세운 옛 애굽의 수도였다고 합니다. 기원전 3200년경 메네스 왕이 상하 애굽을 통일하고 멤피스를 수도로 하여 제1왕조를 세웠다고 합니다. 멤피스를 처음에는 메네페르라고 불렀는데 그 뜻은 '아름다운 땅'입니다. 멤피스란 이름은 그리스어에서 온 것입니다. 히브리식 이름으로는 구약성경에 놉(사 19:13; 렘 2:16; 호 9:6)으로 나타나 있습니다.

멤피스는 고대왕국 제1왕조에서 제5왕조까지 애굽의 수도였습니다. 그리고 힉소스 왕조시대(제15, 16왕조)에도 한때 멤피스를 수도로 삼은 적이 있습니다. 멤피스에는 태양신 브타 신전이 있었으며 브타 신 숭배의 중심지였습니다. 그리고 신성한 소(Apis bull) 예배의 중심지였다고 합니다.

제19왕조의 람세스 2세는 자신의 석상들을 신전 앞에 세웠는데 지금도 그중의 하나를 멤피스 박물관에서 볼 수 있습니다. 그후 멤피스는 에티오피아, 앗수르, 페르시아, 그리스인들이 점령하여 오면서 황폐해져버렸고, 아랍 정복 이후에는 멤피스의 유적들과 돌들이 카이로의 모스크들과 성벽들을 쌓는 데 사용되었다고 합니다. 지금은 옛날의 모습을 전혀 찾아볼 길이 없습니다. 람세스 2세의 거대한 석회석상 하나와 람세스 2세의 알라바스타 스핑크스 하나를 구경할 수 있을 뿐입니다.

2. 사카라

사카라는 고대 애굽의 무덤 지역(necroplis)입니다. 사막 가운데 수많은 무덤들이 여기저기 흩어져 널려 있습니다. 그런데 사카라에 있는 옛 왕들의 무덤은, 가장 오래된 것으로는 제1왕조 때의 것부터 제6왕조 때의 것까지 찾아볼 수 있습니다. 연대적으로 말하면 기원전 3200년 때의 것으로부터 2200년까지, 약 천 년 기간의 무덤들이 있습니다. 재미있는 것은 옛 애굽의 왕들은 그때그때마다 무덤을 쓰는 양식이 크게 달랐다는 것입니다.

무덤 중에서 가장 오래된 것은 흙벽돌로 만들어 놓은 무덤입니다. 제1왕조, 제2왕조 때의 왕들의 무덤은 흙벽돌로 된 것들입니다. 이 무덤들은 사카라 입구에서 가장 북쪽 모래벌판에 있는 것들입니다.

그 다음 제3왕조, 제4왕조 그리고 제5왕조 때에는 주로 피라미드 무덤이었습니다. 애굽에 있는 80여 개의 피라미드들이 다 이 시대에 지어졌다고 봅니다. 사카라에 있는 조서 왕의 계단식 피라미드(3왕조)를 비롯해서 기자에 있는 쿠후 왕, 카우

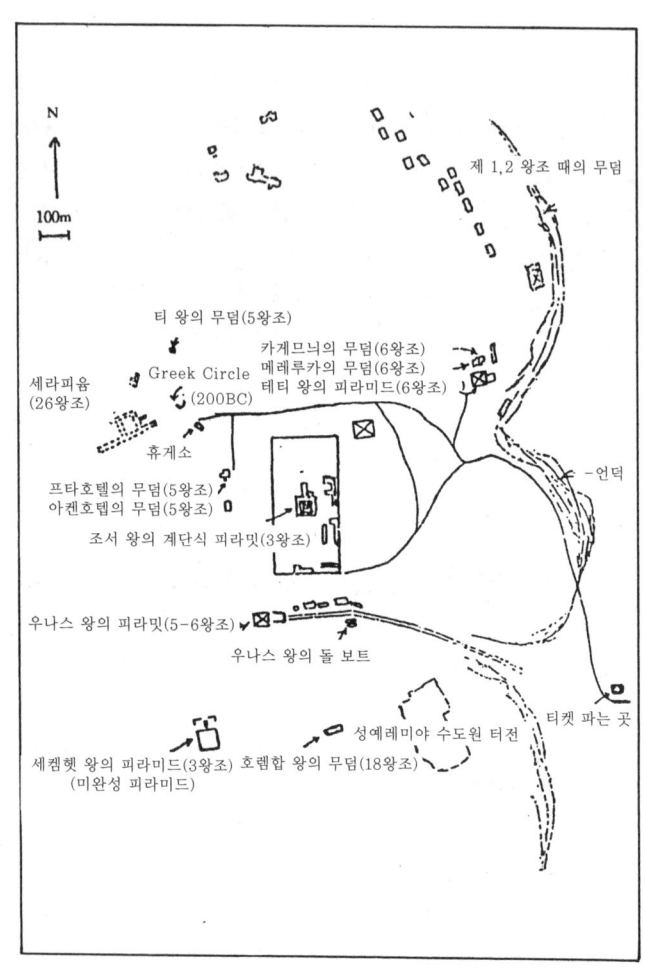

<그림 5> 사카라의 무덤 지역

레 왕, 맨카우레 왕의 피라미드(4왕조), 그리고 우나스 왕의 피라미드(5왕조), 테티 왕의 피라미드 등 모든 피라미드가 다 이 시대에 만들어졌다고 봅니다.

그리고 그 다음 시대에 들어가면서부터는 소위 석실 분묘식의 무덤인데 이를 가리켜 '마스타바 무덤'이라고 합니다. 사카라에 있는 티(Ti) 왕의 석실분묘를 비롯해서 메레루카의 석실분묘, 카게므니 석실분묘 등이 있습니다. 그리고 그 후대로 내려오면서부터는 산 속에 무덤굴을 뚫어서 장사 지낸 것을 룩소에 가서 볼 수 있습니다. 말아위 근처의 베니 하산에도 수많은 무덤들이 산에 굴을 뚫어서 만들어 놓은 것을 볼 수 있습니다.

(1) 테티 왕의 피라미드(Pyramid of Teti)

테티 왕은 제6왕조 때의 바로입니다. 그런데 이 피라미드가 발굴되어 공개된 것은 1881년입니다. 이 피라미드가 위치한 곳은 조서 왕의 피라미드 북쪽에 있습니다. 이 피라미드를 가리켜 일명 '형무소 피라미드'라고 부르는데, 그 이유는 옛날 이 피라미드 근처에 형무소가 있었기 때문이라고 합니다. 창세기 39장 20절에 보면 이스라엘 족장 요셉이 왕의 죄수를 가두는 감옥에 갇힌 적이 있었다고 합니다. 그렇게 크지 않은 피라미드입니다. 피라미드 내실에 들어가 볼 수 있습니다.

(2) 메레루카의 석실분묘

메레루카는 바로 왕 테티의 양아들입니다. 메레루카의 무덤은 그의 아버지 테티 왕의 피라미드 바로 이웃에 있습니다. 이 무덤이 발굴된 것은 1893년입니다. 메레루카는 왕족으로서 제사장이었습니다. 이 무덤 내부는 모두 33개의 방들이 있습니다.

메레루카 자신을 위한 방들이 있고, 그의 아들 메리케티를 위한 방들과 그의 부인 헤르트 와테트 헷트를 위한 방들이 있습니다. 메레루카는 제6왕조 때의 사람입니다. 무덤 입구 왼쪽 벽에 있는 그림에는 메레루카와 그의 아들 메리케티가 한 손으로는 연꽃 다발을 들고 다른 한 손에는 새 한 마리를 들

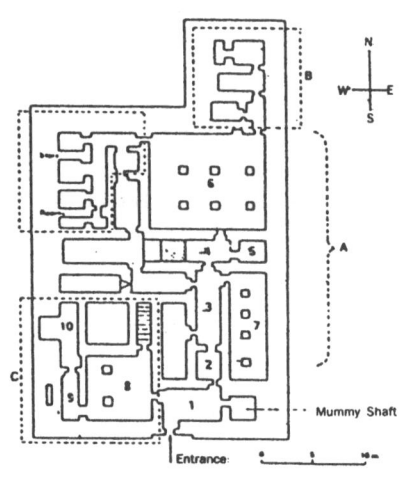

〈그림 6〉 메레루카의 무덤

고 있는 그림이 있습니다. 그리고 그 뒤에는 메레루카의 부인을 비롯한 여러 사람들이 둘러서 있습니다. 그리고 제1번 내실의 벽에는 메레루카가 보트에서 물고기를 잡고 있는 그림을 볼 수 있습니다.

제2번 내실 오른쪽 벽에는 메레루카와 그의 부인이 각종 활동을 감독하고 있는 그림이 있습니다. 그 벽의 그림은 모두 여섯 칸으로 구분되어 있습니다. 제일 밑줄에는 보석을 제공하는 모습, 망치질하고 있는 모습 등이 있고, 그 윗줄에는 대장장이 목공, 석공들이 작업하고 있는 그림과 그것을 검열하고 있는 그림들을 볼 수 있습니다. 그리고 그 맞은편 벽에는 메레루카와 그의 부인이 광야에서 사냥을 하고 있는 그림이 있습니다.

제3번 내실의 오른편 벽에는 메레루카와 그의 부인이 물고기를 잡는 것을 구경하고 있는 그림이 있고, 또 메레루카와 그의 부인이 하인들을 데리고 시장에 가는 그림도 있습니다. 세물을 바치고 있는 모습, 한 사람을 발가벗겨서 기둥에 묶어놓고 때리고 있는 모습의 그림도 있습니다. 그때의 세물은 곡물, 꿀, 옷감, 포도주 등이었다고 합니다.

제6번 내실에는 모두 여섯 개의 기둥이 세워져 있습니다. 이 방은 희생제를 드리는 방이었습니다. 이 방 오른쪽 벽에는 메레루카와 그의 부인이 식탁에 앉아서 게임을 하고 있는 그림이 있는데, 장기나 바둑 비슷한 게임을 하였던 것 같습니다. 그리고 그 옆에 역시 남녀 젊은이들이 게임을 하고 있는 그림도 새겨져 있습니다.

4. 멤피스와 사카라

제7번 내실에는 네 개의 기둥이 받치고 있습니다. 이 방 왼쪽 벽에는 메레루카가 의자에 앉아서 선물을 받고 있는 그림이 있습니다. 그의 부인과 함께 수금을 치고 있는 그림도 있습니다. 그 맞은편 벽에는 남녀 무희들이 춤을 추고 있습니다.

제9번 내실에는 메레루카의 부인이 춤을 추고 있는 그림이 있습니다. 이렇게 대충 살펴보아도 알 수 있듯이 이 사람들은 무덤 속을 그대로 하나의 생활 공간처럼 생각하고 무덤을 장식하였던 것 같습니다. 무덤에 그린 모든 그림들을 살펴보면 자연히 그 시대의 생활풍습, 농업기술, 고기잡이, 문화, 예술, 조세제도, 체육, 오락 등 모든 면을 볼 수 있습니다.

(3) 세라피욤

사카라를 여러 번 탐방하신 분들 중에도 여태 세라피욤을 구경하지 못한 분들이 더러 있는 것 같습니다. 세라피욤은 '신성한 소의 무덤'이라고도 합니다.

구약성경 예레미야서 43장을 보면 당시 이스라엘의 대 예언자였던 예레미야가 애굽에까지 내려와서 예언 활동을 하였다고 기록이 있습니다. 그리고 예레미야서 46장 14-15절에 보면 다음과 같은 말씀이 있습니다.

"너희는 애굽에 선포하여 믹돌과 놉과 다바네스에 선포하여 말하기를 너희는 굳게 서서 예비하라 네 사방이 칼에 삼키웠느니라 너희 장사들이 쓰러짐은 어찜이뇨 그들의 서지 못함은 여호와께서 그들을 몰아내신 연고니라."

바벨론 왕 느부갓네살이 애굽을 치러 올 때에 예레미야 선지자가 전하였던 메시지였습니다.

사카라 사막 한가운데 있는 세라피움은 어머어마하게 큰 지하무덤굴(Underground rock-cut Chambers)입니다. 이 무덤이 발굴된 것은 1851년입니다. 프랑스 고고학자 마리에트에가 발굴했습니다. 이 무덤 속에는 길이 4미터, 폭 2미터, 높이 3.4미터 크기의 거대한 석관들이 굴 양쪽으로 모두 25개나 놓여져 있습니다. 마리에트의 보고에 의하면 이 무덤 굴을 발견하였을 때 25개의 석관 중 24개는 뚜껑이 열려 있었고 그중 더러는 부서진 것도 있었다고 합니다. 그리고 그 속에 들어 있는 유물 및 유품들은 도굴당하여 텅 비어 있었으나 다행히도 그 중의 하나만은 그대로 남아 있었다고 합니다. 그 남은 하나마저 도굴범들이 뚜껑을 부수고 열려고 노력하였던 흔적이 있었다고 합니다.

마리에트가 석관 뚜껑을 열고 그 속에 들어 있는 유물들을 발굴하였는데, 그 석관 속에서 금송아지 신상(키, 높이 1미터 20센티미터의 크기) 하나를 발견했습니다. 이 금송아지 신상은 현재 파리의 루브르 박물관에서 소장하고 있습니다. 그리고 알라바스타 돌항아리 하나와 미라를 넣어둔 작은 석관 하나가 그 속에 들어 있었다고 합니다. 그리고 그 속에서 황소 미라(mummy of the bull)도 발견되었는데 그 황소 미라는 도키의 농업박물관에 소장되어 있다고 합니다.

그리고 또한 그 속에서 미라로 된 한 젊은 청년의 깡마른 시체가 발굴되었다고 합니다. 이 청년은 람세스 2세의 아들 카암와스(Khaemwas)라고 적혀 있었다고 합니다. 람세스 2세는

19왕조 네 번째 왕(기원전 1298~1232년)입니다. 그런데 이상한 것은 왕자의 미라를 어찌하여 이와 같은 짐승의 미라들과 함께 장사하였는가 하는 점입니다.

이 거룩한 소의 무덤 지상에는 신전이 있었다고 합니다. 물론 지금은 찾아볼 수 없습니다. 그리고 '세라피움'(Serapeum)이라는 말은 곧 소의 무덤 지상에 있던 신전을 두고 하는 말입니다(Black & Norton, p.425). 이 신전은 옛 애굽의 맨 마지막 왕(제30왕조)이었던 넥타느보 2세의 신전이었다고 합니다. 그리고 옛날에는 이 신전에서부터 기자의 스핑크스 있는 데까지 길이 나 있기도 하였다고 합니다.

알렉산더 대왕이 애굽을 정복하고, 그리고 그 뒤 톨레미 왕조 때에 이 신전 앞에 그리스의 철인들과 시인들의 조상들을 세워두었다고 하는데, 반원형으로 된 철인들의 모습 몇 개를 볼 수 있습니다. 그것이 기원전 200년경 일입니다. 여하간 이 세라피움이 발굴됨으로 인해 고대 애굽을 이해하는 데 크게 기여했다고 봅니다. 그 속에서 발굴한 수많은 토판 및 석판들과 석관 사면에 새겨진 글들은 고대 애굽 연구에 중요한 자료들을 제공해 주었다는 것입니다.

(4) 계단식 피라미드

제3왕조 조서 왕의 무덤입니다. 조서 왕은 상하 애굽을 통일한 왕이었습니다. 계단식 피라미드는 돌로 쌓은 피라미드식 무덤으로서는 최초의 것입니다. 그 이전까지(1~2왕조)의 왕족의 무덤들은 모두가 다 흙벽돌로 만들어졌습니다. 이 피라미

APIS TOMBS

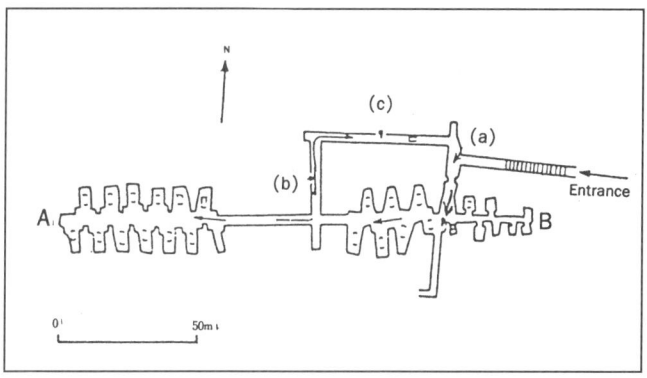

〈그림 7〉 세라피움의 내부도

드를 설계하고 지은 사람은 그 당시 조서 왕의 제사장이었던 임호텝으로서, 그는 뛰어난 설계자요 의술에도 능한 사람이었다고 합니다.

조서 왕은 29년 동안 통치하였는데 자신을 위하여 무덤 둘을 만들었다고 합니다. 먼저 하나는 석실분묘로 된 것인데 아비도스 근처에다 만들었고, 그 다음으로 만든 것이 사카라의 계단식 피라미드입니다. 이 피라미드를 만들 때에 먼저 그 주변에 석회석으로 돌담을 쌓고(550미터×280미터) 그 경내에 신전을 비롯한 온갖 건물들을 지었다고 합니다. 입구에 두 줄로 늘어서 있는 40개의 돌기둥(20개×2줄)들은 그 당시 상하 애굽의 분할지역들을 상징한다고 합니다.

입구를 빠져나가서 피라미드를 바라보면 그 앞에는 광장이 있고, 오른쪽에는 축제 행사를 하는 궁전을 비롯해서 여러 개의 건물들 흔적이 있습니다. 그리고 피라미드 북쪽 에도 신전이 있었던 자리가 있고 바로 오른쪽 피라미드 앞에는 조서 왕의 모습을 한 작은 석상 하나가 있습니다.

지금은 피라미드를 쌓아 놓은 돌들이 많이 무너져 있습니다. 이 피라미드를 쌓은 지 5천 년이 다 되어간다고 생각할 때에 참으로 놀라움을 금치 못합니다.

주위를 한 바퀴 돌아보면 동쪽 피라미드 거의 중간쯤에 지렛대 나무 같은 것이 박혀 있는 것을 보게 되는데, 그 나무 역시 5천 년 묵은 나무로서 멀리 레바논에서 가져다가 피라미드를 지을 때에 사용하였던 것이라고 합니다. 계단식 피라미드는 내부에 들어가 볼 수 없습니다.

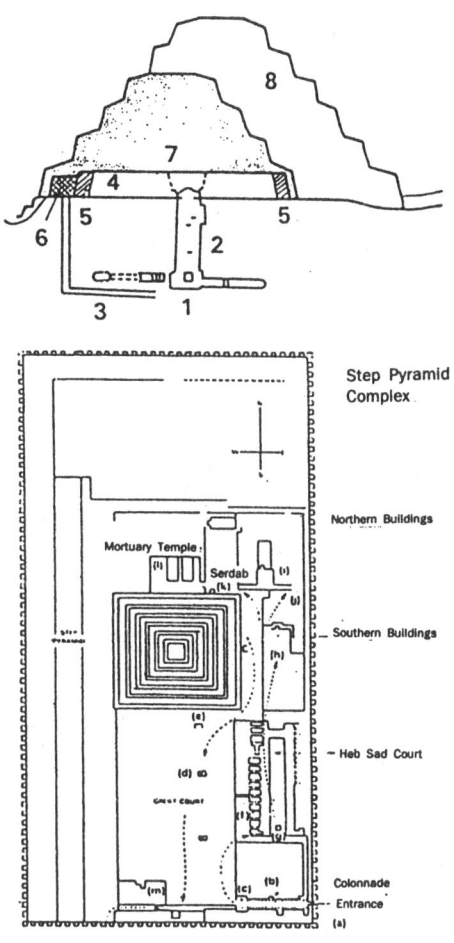

<그림 8> 계단식 피라미드
(Cross Section of the Step Pyramid)

(5) 우나스 왕의 피라미드

계단식 피라미드 남동쪽에 위치하고 있습니다. 우나스 왕의 피라미드는 제5왕조 말, 혹은 6왕조 초에 지어진 것이라고 합니다. 피라미드의 높이는 약 19미터로서 그리 크지 않은 피라미드입니다. 피라미드 내부에도 들어가 볼 수 있습니다. 내부에 들어가 보면 내실 벽에는 알라바스타 돌로 되어 있고 그 벽에는 고대 애굽의 상형문자로 쓰여진 우나스 왕에 관한 글들이 사면 벽에 가득히 적혀 있습니다.

그런데 그 글 내용 가운데에는 "우나스 왕은 죽지 않았다"(Unas did not die), "우나스는 죽음을 이겼다"(Unas overcome death), "우나스는 부활했다"(Unas rose up), "우나스는 다시 살기 시작했다" 등의 글들이 적혀 있다고 합니다.

이런 것을 보면 애굽 사람들은 고대부터 종교성이 강하였던 같습니다. 애굽 사람들은 그 옛날부터 내세와 부활에 관한 신앙을 가지고 있었던 것 같습니다.

(6) 호러스 세켐헷 왕의 피라미드

우나스 왕의 피라미드 서남쪽에 위치하고 있습니다. 호러스 세켐헷 왕의 피라미드는 미완성 피라미드(Unfinished Pyramid)입니다. 1950년 한 애굽인 고고학자가 발견한 것입니다.

세켐헷 왕은 제3왕조 때의 왕으로서 조서 왕 다음의 왕이었습니다. 그러나 세켐헷 왕에 대해서는 거의 알려진 바가 없습니다. 그의 무덤이 바로 그 남쪽에 있었으며, 무덤 속에서 나무로 된 관 하나를 발굴했는데 그 속에는 어린아이의 미라가

들어 있었다고 합니다. 이 피라미드는 모래바람 때문에 거의 묻혀 버려지고 있는 상태입니다.

신왕국 시대의 수도 룩소

1. 룩소에 대한 역사적 배경

룩소(Luxor)라는 이름이 불린 것은 아랍 정복 이후부터입니다. 그 전에는 데베(Thebes)라고 불렀습니다. 데베라는 이름은 그리스식 이름인데 뜻은 '아문의 도시'(City of Amun)입니다. 아문은 태양신을 가리키는 이름입니다. 구약성경 70인역에는 데베라는 이름으로 기록되어 있습니다. 그러나 히브리식의 이름은 데베가 아니라 '노아몬'인데 물론 그 뜻은 같습니다. 우리말 성경 나훔 3장 8절에 보면 노아몬이라는 말이 나오는데 오늘의 룩소를 두고 하는 말입니다. 데베는 고대 애굽의 수도였습니다. 좀 더 자세히 말한다면 데베는 고대 애굽 제17왕조에서 20왕조까지 약 500년 동안 수도였던 곳입니다.

물론 그 중간에 수도를 데베에서 아크나텐으로 옮겼던 시대가 없지 않습니다. 그 시대를 이름하여 텔 엘 아마르나 시대라고 합니다. 그때가 애굽 왕조로 말하면 제18왕조에 해당하며 아크나텐(Akhnaten)으로 도읍을 옮겨서 아마르나 시대를 이룩한 왕은 아멘호텝 3세(기원전 1417~1379년)와 아들 아멘호텝 4세(기원전 1379~1362년)입니다. 이 시대를 가리켜서 아마르나 시대라고 일컫습니다.

아크나텐은 지금은 미니아 근처입니다. 그러다가 기원전

1362년에 아멘호텝이 죽자 왕위는 그의 아들(?)인 투탄크아텐에게로 넘어갔습니다. 그때 그의 나이 아홉 살 내지 열 살 정도였습니다. 그러므로 실제로 권력을 행사할 수가 없었습니다. 배후에서 조종한 사람은 귀족 출신인 아이 제사장과 호렘합 장군이었습니다.

투탄크아텐은 왕이 된 후 이름을 투탄크아문으로 바꾸고 아텐 시대의 막을 내렸습니다. 그리고 다시 아문의 시대(Amun Age)로 들어갔습니다. 투탄크아문 왕은 불과 10년 정도밖에 왕위에 있지 못하고 일찍 죽고 말았습니다. 그렇게 내려오다가 데베가 몰락한 것은 제25왕조 때입니다. 두 차례나 바벨론의 침공을 받았던 것입니다. 그것이 기원전 671년과 663년이었다고 합니다. 구약의 예레미야 선지자(렘 46:25)나 에스겔 선지자(겔 30:14-16) 그리고 나훔 선지자 등이 이 일에 대하여 기록하고 있습니다.

데베라는 이름은 그리스식 이름이라고 말씀드렸거니와 오늘날에는 물론 룩소라고 부르고 있습니다. 룩소는 카이로에서 730킬로미터 남쪽에 있는 도시입니다. 기차로 약 11시간, 비행기로는 한 시간이 채 못 되는 거리입니다. 밤 열차를 타고 가면 새벽에 도착하게 됩니다. 카이로의 람세스 역에서 저녁 10시에 출발하면 그 다음날 오전 6시 30분에 룩소 역에 도착합니다.

룩소는 나일 강을 두고 강 동쪽 지역과 강 서쪽 지역으로 크게 두 부분으로 나누어 볼 수 있습니다. 강 동쪽 지역에서 관광할 수 있는 곳은 룩소 신전과 카르낙 신전을 손꼽을 수 있고,

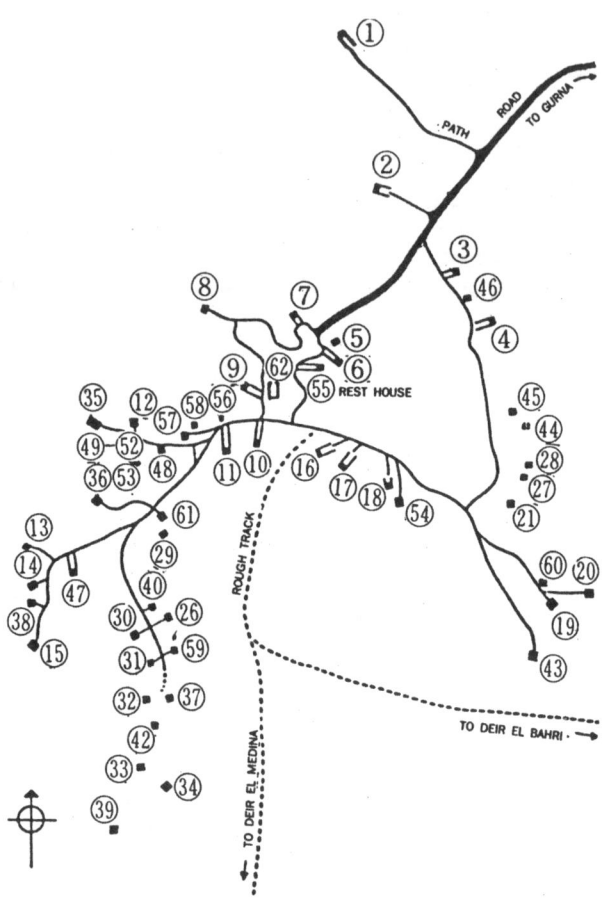

1. Ramses VII
2. Ramses IV
3. Intended for Ramses III
4. Ramses XII
5. Intended for Ramses II
6. Ramses IX
7. Ramses II
8. Merneptah
9. Ramses VI
10. Amenmeses
11. Ramses III
12. No inscriptions
13. Intended for royal functionary
14. Tausert, wife of Seti II
15. Seti II
16. Ramses I
17. Seti I
18. Ramses X
19. son of Ramses IX
20. Hatshepsut
21. Unfinished
22. Amenophis III (in the Western Valley)
23. Ay (in the Western Valley)
24 & 25. No inscriptions (in the Western Valley)
26 to 33 Unfinished
34. Tuhmosis III
35. Amenophis II
36. Maherpra, fan-bearer to Hatshepsut (contents in Cairo Museum)
37. No inscriptions
38. Tuthmosis I
39 to 41. No inscriptions
42. Possibly Tuthmosis II
43. Tuthmosis IV
44. No inscription
45. Private tomb
46. Yuya and Tuyu, parents of Queen Tiy, wife of Amenophis III (contents in Cairo Museum).
47. Siptah
48. Vizier Amenemopet
49 to 54 No inscriptions
55. Tiy of Smenkhkare
56. No inscriptions
57. Horemheb
58. Tutankhamun annex
59 to 61 No inscriptions
62. Turankhamun

〈그림 9〉 왕가의 계곡(Valley of The kings, 룩소)

강 서쪽에서는 하셉슈트 신전을 비롯하여 세티 1세 신전, 람세 지움 등의 신전을 구경할 수 있습니다. 그리고 옛 바로들의 무덤 - 이를 가리켜 터널 무덤(tunnel tombs)이라고 합니다. 터널처럼 산속을 뚫어놓은 무덤들이기 때문입니다 - 들을 살펴볼 수가 있습니다. 여기 왕들의 무덤이 모여 있는 산 계곡을 소위 '왕가의 계곡'(Valley of the Kings)이라고 부르는데, 이 계곡 일대에 수십 개가 넘는 왕들의 무덤이 있습니다. 이곳만 자세히 둘러보려고 해도 반나절은 충분히 소비해야 할 것입니다.

2. 하셉슈트 신전

하셉슈트는 툿투모세 1세의 딸이었습니다. 그리고 그녀는 이복형제인 툿투모세 2세의 부인이 되었습니다. 오빠가 남편이 된 셈입니다. 툿투모세 2세와 하셉슈트 사이에는 아들이 없었습니다. 그리고 툿투모세 2세는 일찍 죽었습니다. 그의 미라를 살펴보니 툿투모세 2세가 죽었을 때 약 30세 정도였을 것으로 추정합니다

툿투모세 2세의 뒤를 이어받은 툿투모세 3세는 툿투모세 2세의 첩인 이시스(Isis)의 몸에서 난 아들입니다. 그는 어린 나이에 왕이 되었습니다. 그러므로 하셉슈트가 섭정을 하게 되었습니다. 약 20년간 섭정을 하였다고 합니다. 하셉슈트가 약 10년간 실제적인 왕으로서 행세를 하였습니다. 그는 살아 있을 때에 약 8년간 자기를 위한 신전을 지었습니다. 그리고 그의 무덤도 만들었습니다. 하셉슈트의 무덤은 두 곳이나 있습니다. 그러나 그 어느 한곳에서도 미라는 발견되지 않았다고 합니다. 하셉슈트 신전이 있는 그 뒤편 산등성이에 올라서면 그 앞에 보이는 곳이 '왕가의 계곡' 입니다.

하셉슈트가 여왕으로 군림하였던 기간은 기원전 1503년에서 1482년까지로 보고 있습니다. 이스라엘 백성을 출애굽시킨 히브리인의 지도자 모세가 나일 강에 버려졌을 때 그를 건져내어 양아들로 키워낸 공주가 바로 하셉슈트였다고 합니다. 구약성경에 나오는 연대와 대조하여 볼 때 거의 일치할 뿐 아니라 그녀에게는 아들이 없기도 합니다.

그녀가 죽은 후에 그의 뒤를 이어 명실 공히 왕의 권력을 행

사한 바로 왕은 툿투모세 3세입니다. 하셉슈트가 툿투모세 2세의 정부인이었지만 그들 사이에는 아들이 없었기 때문에 첩의 몸에서 난 툿투모세 3세가 왕이 된 것입니다. 그는 나이가 매우 어렸을 때 왕이 되었습니다. 그러나 하셉슈트 때문에 감히 왕의 자리에 앉지 못하고 밤낮 후궁에 물러앉아 있었다고 합니다. 하셉슈트가 죽고 난 후 툿투모세 3세는 정식으로 왕좌에 앉게 되었습니다. 그 후 그는 30년 동안 통치하였습니다. 하셉슈트가 죽은 후 그는 그녀의 기억을 없애버리기 위해 그녀의 무덤을 파헤치고 비석과 석상들도 모조리 부수어 버렸다고 합니다. 현재의 신전 역시 그 후대에 와서 복구된 것입니다.

3. 툿투모세 3세의 무덤

툿투모세 3세는 어머니 이시스 덕분에 왕위를 이어받기는 하였지만 하셉슈트가 죽기까지는 후궁에 물러앉아 있었습니다. 하셉슈트가 죽은 후 그는 정권을 잡고 30년간 통치하였습니다. 그가 다스리는 동안(기원전 1504~1450년)이 애굽으로서는 역사상 가장 강대한 나라였습니다. 그는 젊은 왕으로서 국토를 멀리 시리아 팔레스타인까지 넓히고 남쪽으로는 누비아를 정복하였습니다. 그는 정복의 바로였습니다.

툿투모세 3세는 거의 20년 동안에 해마다 아시아 원정을 감행하였다고 합니다. 그의 첫 원정(기원전 1468~1450년)은 가나안의 도시 므깃도를 쳐서 정복한 것이었습니다. 이른바 므깃도 전쟁이었습니다. 툿투모세 3세가 므깃도 원정에서 승리하고 돌아와 그가 이룩한 업적을 다음과 같이 그의 비문에 기록하여 놓았다고 합니다.

"나는 다시 고하노라. 너희 백성은 들을지어다. 아문-레는 나의 첫 번째 원정에서 레테누(이는 므깃도를 가리킴)의 모든 이방 나라들을 나에게 맡겼다. 그들은 수백만의 군대를 이끌고 이방 나라의 모든 사람이 집결했다. 330명의 영주들은 그들의 군대를 동원하여 그들 수레에 대기하였다. 그들이 키나 골짜기에 진을 쳤을 때 협곡에 가까이 있지 않았기 때문에 왕이 그들을 공격하였을 때 운이 좋았다. 그들이 므깃도 성으로 피신하였을 때 왕은 7개월 동안 그들을 포위하였다. 그들은 드디어 성에서 나와 항복하며 '왕의 숨을 우리들에게 주십시오. 레테누의 나라들은 다시는 반역을 하지 않겠습니다' 라고 간청하였다.

그때 반란의 주모자와 그와 함께 있던 영주들 그리고 그들의 자녀들이 많은 조공을 가지고 왕에게로 왔다. 금, 은, 그들이 가지고 있던 말, 금과 은으로 장식된 좋은 수레들, 그밖에 그림을 그린 수레들, 그들의 방패, 활, 화살, 기타 모든 전쟁 무기들 그들은 이런 것들을 가지고 왕과 싸우기 위하여 멀리서 왔으나 이제는 왕에게 조공으로 바치게 된 것이다. 그들은 성벽 위에 서서 왕을 찬양하며 생명의 숨을 쉴 수 있기를 간청하였다. 그러나 왕은 그들에게 충성의 서약을 맹세하도록 하였다. 그들은 이같이 말하였다.

'우리는 우리가 살아 있는 한 영원하신 맨케페르-레에게 다시는 반역의 행동을 저지르지 않겠습니다. 우리는 그의 능력을 목도했으며 그는 우리에게 생명을 주셨습니다. 두 땅의 보

좌의 주 아문-레가 행한 일입니다. 인간의 손으로 행한 일은 아닙니다.'

그러고 나서 왕은 그들이 각기 자기 도시로 갈 수 있게 하였다. 내가 그들의 말을 다 빼앗았기 때문에 그들은 당나귀를 타고 돌아갔다. 나는 그 도시 거민들과 그들의 재산을 몰수했다."

이상은 카르낙 신전에 기록된 툿투모세 3세의 전승 업적 비문입니다. 툿투모세 3세는 자기를 가리켜서 호루스의 신, 강력한 황소, 황금의 호루스, 데베의 주, 레의 아들이라고 불렀다고 합니다. 한편 툿투모세 3세는 포악한 왕으로도 유명합니다. 애굽에 내려와 있던 히브리 자손들에게 가장 심하게 노동을 시키고 그들을 압박하였던 바로이기도 했습니다.

그리고 그는 하셉슈트와 그의 아버지 툿투모세 2세 사이에 태어난 이복누이인 네푸르레와 결혼했고 그는 그 외에도 또 다른 부인인 하셉슈트 메르옛레와도 결혼, 그들 사이에서 태어난 아들이 아멘호텝 2세입니다. 툿투모세 3세는 그의 미라로 살펴보아 아주 키가 작고 왜소한 체구였음을 짐작하게 되는데, 그의 키는 5피트 5인치 정도라고 하니 겨우 1미터 60센티 정도밖에 안 되는 작은 체구였던 것 같습니다. 툿투모세 3세의 무덤은 '왕가의 계곡' 왼쪽 골짜기 끝부분에 있습니다. 무덤번호 34번입니다.

4. 아멘호텝 2세(일명 아메노피스 2세, 1450-1425 BC)

아멘호텝 2세는 툿투모세 3세의 아들입니다. 아멘호텝 2세는 이복누이 티아와 결혼했고 그 사이에서 태어난 아들이 툿투모세 4세입니다. 아멘호텝 2세는 키가 크고 남자답게 생겼으며 무술에 능한 전사였다고 합니다. 그도 역시 아시아 원정을 수차례 감행하였습니다. 그리고 아멘호텝 2세 때에 히브리인의 출애굽 사건이 있었다고 봅니다.

아멘호텝 2세는 '승리자 아문'이라는 별명을 가질 만큼 무술에 능한 전사였다고 합니다. 그때는 아멘호텝 2세만큼 활을 잘 쏘는 자가 없었다고 합니다. 그는 갈색 머리에 대머리였으며 45세 정도에 죽었다고 합니다. 그 무덤이 룩소 '왕가의 계곡' 골짜기에 있습니다. 무덤번호 35번입니다.

5. 애굽의 바로 투탄크아문

성경에 보면 애굽의 왕들을 부를 때에 "바로 왕"(King Pharaoh)이라고 부릅니다. '바로'라는 이름의 의미는 '큰 집'(great house)입니다. 바로는 애굽의 왕들에 대한 존칭어라고 할 수 있으며, 왕의 개인명이 아닙니다. 애굽의 왕들을 가리켜 바로라고 부른 것은 대개 애굽의 새왕국시대(기원전 1550~1070년)였다고 합니다.

그러나 구약성경의 기록을 보면 반드시 그렇지만은 않은 것 같습니다. 예를 들어 창세기 12장 15절 이하 20절에 보면 아브라함이 가나안 땅에 흉년이 들었을 때에 애굽으로 피난 갔던 일이 기록되어 있는데, 애굽 역사로 볼 때 그 시기가 애굽의 제12왕조 시대에 해당한다고 볼 수 있습니다.

애굽의 제12왕조는 새왕국시대 이전으로 중간왕국시대에

해당합니다. 물론 아브라함과 동시대의 바로의 개인명이 누구였는지에 관하여는 성경에 전혀 언급이 없습니다.

그리고 창세기 37장에서 마지막 50장 사이의 기록에 나오는 바로는 야곱의 아들 요셉과 동시대의 인물인 바로입니다. 다시 말하면 요셉이 섬기던 애굽 왕입니다. 요셉이 애굽에 내려온 연대는 대략 기원전 1898년경이었다고 봅니다(창 37:2, 41:46, 45:11 참조). 이 시대는 애굽 역사로 보면 제12왕조(기원전 1991~1786년) 때의 세소스트리스 2세 때에 해당합니다. 요세푸스에 의하면 요셉이 애굽에 내려온 것이 힉소스 시대였을 것이라고 하였으나 그렇게 되면 성경의 연대와 맞지 아니하는 어려움이 있습니다. 힉소스 시대는 기원전 1680년에서 1580년까지에 해당하므로 약 200년간의 차이가 생깁니다.

그리고 그 다음으로 나타나는 인물이 모세입니다. 모세와 동시대의 바로 역시 그 이름이 나타나 있지 않습니다. 그러므로 모세와 동시대의 바로 왕이 누구였느냐, 특별히 출애굽 시의 바로가 누구였느냐 하는 데에는 크게 두서너 가지 이설들이 있습니다. 그 중의 하나는 그때의 바로를 아멘호텝 2세라고 보는 견해입니다.

아멘호텝 2세는 제18왕조의 일곱 번째 왕이었습니다(기원전 1450~1425년). 그리고 또 다른 이론으로는 람세스 2세(제19왕조 4번째 왕, 기원전 1298~1232년)라고 보는 자들도 있고 그 다음 왕인 메네르프타(기원전 1232~1223년)로 보는 학설도 있습니다. 열왕기상 6장 1절 말씀에 근거하여 산출한 연대로 보면 출애굽 당시의 바로 왕은 아멘호텝 2세에 해당한다고 볼 수 있습니다.

그리고 열왕기상 3장 1절, 7절, 8절에 보면 솔로몬이 애굽 왕 바로로 더불어 인연을 맺어 그 딸을 취하여 아내로 맞았다고 하였습니다. 그러나 솔로몬의 장인인 바로가 어느 왕이었는지에 관하여서는 그의 개인명을 밝히지 않고 있습니다. 성경에는 애굽의 바로 왕을 이야기하면서 그들의 개인명을 밝혀서 이야기한 곳이 몇 군데 있습니다. 그중 한 사람은 애굽 왕 시삭입니다(왕상 11:40). 애굽 왕 시삭은 솔로몬 당시의 바로였습니다. 제22왕조 때의 왕입니다. 그리고 구약성경 열왕기하 17장 4절에 보면 애굽 왕 소가 있습니다. 그는 이스라엘의 호세아 왕과 동시대의 왕이었습니다. 그리고 또 다른 왕으로서는 바로 느고가 있습니다. 이는 제26왕조 때의 왕으로, 열왕기하 23장 29절에 나타나는 이름입니다. 그리고 그 다음으로는 애굽 왕 호브라가 있는데 호브라 역시 제26왕조 때의 왕이었습니다.

그러면 투탄크아문은 어느 시대의 왕이었을까요? 투탄크아문 은 제18왕조 거의 마지막 부분에 해당하는 왕이었습니다. 투탄크아문은 아홉 살에 왕이 되어 열아홉 살에 죽은, 극히 단명한 왕이었습니다. 그의 족보를 살펴보면, 투탄크아문 왕은 그의 부모가 누구였는지조차 분명하지 않습니다. 그를 아멘호텝 3세의 아들이라고 하는 자도 있습니다. 그 어머니 역시 여러 가지 모양으로 이야기하고 있습니다. 어떤 사람은 투탄크아문이 아멘호텝 3세와 그의 첩 티이 사이에서 태어난 아들이라고 하기도 하고, 또 어떤 사람은 아멘호텝 3세와 시트아문 사이에서 태어난 아들이라고 말하기도 합니다. 그런데 시트아문은 아멘호텝 3세의 딸이기도 합니다. 어떻든 투탄크아문 왕이 유명한 것은 뛰어난 업적을 남긴 왕이어서가 아니라, 그의 무덤 속에서 발굴해 낸 수많은 유품과 매장품들 때문이라고 하겠습니다.

룩소의 '왕가의 골짜기'에서 발굴한 모든 왕들의 무덤이 거의 도굴된 상태였습니다. 다행히 투탄크아문 왕의 무덤만은 도굴범들이 손을 대지 않았습니다. 투탄크아문 왕의 무덤을 발굴한 사람은 호와드 카터였습니다. 영국의 유명한 골동품 수집가인 카르나본경이 카터를 후원하여 주었다고 했습니다. 카터는 만 6년간의 고생 끝에 1922년 11월 3일 드디어 투탄크아문 왕의 무덤 입구를 발견하였습니다. 투탄크아문 왕의 무덤 발굴은 고고학계에 놀라운 공헌을 하였습니다.

호와드 카터와 카르나본경의 끈질긴 노력과 수고에 의하여 투탄크아문 왕의 무덤이 발굴되었습니다. 어떤 사람이 찾아낸 파라오 가의 각인과 잠자는 투탄크아문 왕을 깨우는 자에게는 저주가 있을 것이라고 쓴 상형문자와 금판을 발견한 것이 계기가 되어 영국의 고고학자 호와드 카터가 피나는 노력 끝에 발견한 것입니다. '투탄크아문 왕의 무덤의 저주'라는 필름을 보면 이 무덤을 발굴해 내는 과정에서 수많은 사람들이 희생되는 것을 보게 됩니다. 공사 중에 독사에게 물려서 죽는 사람, 전갈에 물려서 죽은 사람, 카르나본경은 독충에게 물려서 죽었습니다. 그리고 무덤 속을 지키다가 공기의 부족으로 무덤 속에서 질식하여 죽은 사람 등등 수많은 사람들이 희생되었습니다. 이리하여 투탄크아문 왕의 무덤에서 그의 황금 마스크를 비롯하여 그의 미라와 헤아릴 수 없으리만큼 많은 장식품들과 보물, 또 투탄크아문 왕이 쓰던 물품들이 발굴되었습니다.

투탄크아문 왕의 무덤의 규모는 다른 왕들의 무덤에 비하면 그렇게 큰 것이 아닙니다. 오히려 작습니다. 그러나 그 속에서 발굴한 매장물품은 엄청난 수량이었습니다. 그 목록표를 작성하는 데 10년이 걸렸다고 합니다. 이 무덤 속에서 발굴해 낸 모든 매장품들이 현재는 카이로 박물관 2층 투탄크아문 왕의 전시실에 진열되어 있는데 천여 점이 넘는다고 합니다. 언젠가 여기에 있는 것 가운데 50여 점을 미국에 가져다가 전시를 한 적이 있는데 구경하러 온 사람들로 장사진을 이루었다고 합니다. 지금도 투탄크아문 왕의 전시실은 카이로 박물관의 하이라이트입니다. 투탄크아문 왕의 무덤은 룩소의 '왕가의 계곡' 입구 휴게소 바로 맞은편에 위치해 있습니다. 별도요금을 받고 입장시킵니다.

6. 카르낙 신전과 룩소 신전

카르낙 신전은 나일 강 동쪽 강변에 있습니다. 카르낙 신전은 어느 한 왕이 세운 신전이 아닙니다. 예루살렘에 세웠던 솔로몬의 성전은 솔로몬 왕 당대에 그가 7년 동안 걸려서 지은 것이었습니다만 룩소의 카르낙 신전은 그 정도가 아닙니다. 무려 천 년이 훨씬 더 걸려서 지은 신전이라고 합니다. 제18왕조의 툿투모세 2세 때부터 - 툿투모세 2세는 기원전 1500년,

지금으로부터 약 3500년 전의 바로 였습니다 - 그리고 그의 부인이자 또한 20여 년 동안 실제로 여왕으로 군림하였던 하셉슈트 역시 카르낙 신전을 지은 왕 중의 한 사람입니다. 특별히 전체 신전의 중심부를 점유하고 있는 태양 신전(아문 신전)의 한 부분이 하셉슈트 때에 지은 것입니다. 그리고 그 다음의 아멘호텝 2세는 제19왕조 때의 왕으로서 그는 기원전 1298~1232년에 왕이었습니다. 그리고 그 이후에도 계속해서 이 신전을 지었습니다. 제22왕조, 제26왕조 때에까지 계속 지은 신전입니다.

신전 입구 걸어 들어가는 길 양 옆에는 양의 머리를 한 스핑크스가 늘어서 있고, 신전 바로 입구에는 거대한 석상 하나가 서 있는데 람세스 2세의 석상입니다. 그리고 재미있는 것은 그 석상의 양다리 사이에 조그마한 여자의 모습을 한 석상 하나가 붙어서 서 있는 것을 볼 수 있습니다. 그것은 그의 딸이라고 합니다. 그리고 신전에 들어서면 넓은 면적을 차지하고 있는 태양신전이 눈앞에 나타납니다. 그 면적이 자그마치 6천 평방미터라고 합니다. 이 면적은 로마에 있는 성 베드로 성당과 런던에 있는 성 바울 성당의 면적을 합친 것과도 같습니다.

그 신전 안에는 134개의 거대한 돌기둥들이 줄지어 늘어서 있습니다. 돌기둥 하나가 얼마나 큰지, 어디다 비교해서 설명해야 할지 잘 생각이 나지 않습니다. 그리고 기둥 위에 얹어놓은 돌들을 쳐다보면 입이 벌어집니다. 그 근처에 높이 서 있는 방첨탑(Obelisk)을 쳐다보면 더욱 눈이 휘둥그레집니다.

룩소 신전은 카르낙 신전에 비하면 그 규모가 훨씬 작은 것

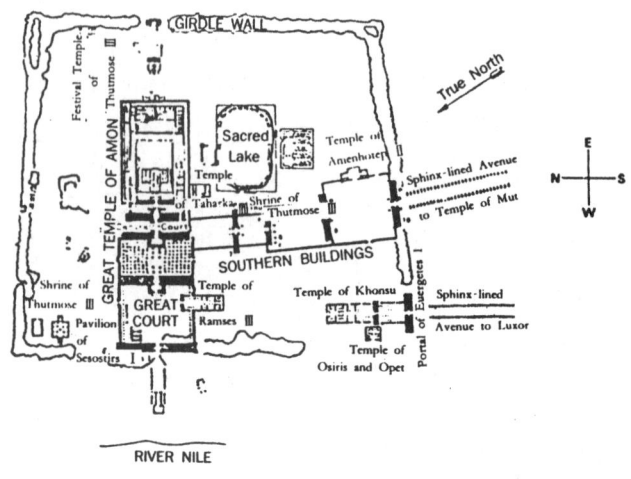

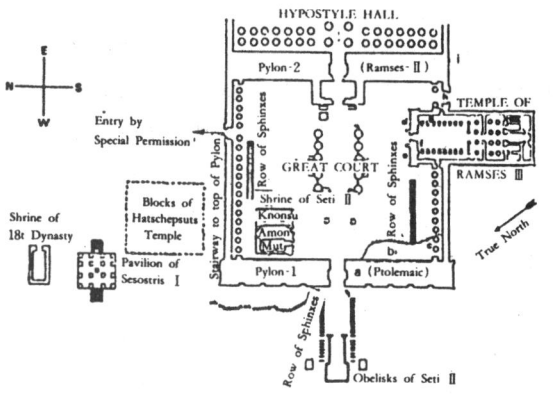

〈그림 10〉 카르낙 신전과 아문 신전

입니다. 룩소 신전의 맨 안쪽 부분에 가보면 옛날 애굽의 기독교인들이 신전의 일부를 교회당으로 사용하였던 흔적을 구경할 수 있습니다. 그리고 나일 강 서쪽에서 구경할 수 있는 곳은 왕가의 계곡, 하셉슈트 신전 이외에도 세티 1세 신전, 람세지움, 마디나 하부 등을 구경할 수 있습니다. 강을 건너가서 티켓을 파는 곳에 가면 일괄적으로 입장권을 구입할 수 있습니다.

6

알라메인과
시와 오아시스

1. 제2차 세계대전의 격전지 알라메인

20세기 들어와서 전세계를 전장으로 하는 큰 전쟁이 두 번 연달아 일어났습니다. 제1차 세계대전은 1914년 7월에서 1918년 11월까지 만 4년 반에 걸쳐서 있었던 전쟁으로서, 교전국 30여 개국을 헤아리는 역사상 미증유의 대전쟁이었습니다. 그리고 그 다음에 일어난 제2차 세계대전은 1939년 9월에서 1945년 8월 사이에 있었던 전쟁으로서 독일, 이탈리아, 일본 등 동맹국(Axis)과 영국, 프랑스, 오스트레일리아, 뉴질랜드, 인도, 미국 등 연합국간의 전쟁이었습니다. 만 6년 동안 계속되었으며 교전국 총 57개국을 헤아리는, 제1차 세계대전과는 비교할 수 없는 대규모의 전쟁이었습니다.

알라메인은 제2차 세계대전의 격전지 중의 한 곳입니다. 1942년 10월 23일 1천여 대의 포문을 엶으로써 벌어졌던 전쟁터입니다. 그때 알라메인 전투에서 동맹군의 총사령관은 독일군 롬멜 장군이었고 연합군의 총사령관은 영국 제 8군사령관인 버나드 몽고메리 원수였습니다.

양쪽 군의 병력을 알아보면, 몽고메리 장군이 이끄는 영국군은 제8군 산하에 3개 군단(제10군단, 13군단, 30군단)이 있었고 병력은 23만 명이었다고 합니다. 그리고 영국군 제8군대휘하에 합세하여 함께 싸운 연합군으로 오스트레일리아 군대를 비롯, 뉴질랜드, 남아연방, 인도, 그리스, 미국 그리고 프랑스 군대가 사단 병력으로 합세를 하였습니다. 몽고메리 장군의 병기는 탱크 939대, 비행기 530대였다고 합니다. 반면 롬멜 장군은 18만 명의 병력에 비행기 350개 탱크 548대였다고 합니다. 당시 알라메인 전투에 참가한 공군의 주병력은 영국 공군과 미국 공군으로서 당시 영국 공군 사령관은 아서 커닝햄 장군이었습니다. 그런가 하면 동맹군 병력은 독일군과 이탈리아 군이 주부대였습니다. 총사령관은 독일군 원수 어윈 롬멜 장군이었는데 그는 뛰어난 군인이요, 사막전쟁의 명수로서 '사막의 여우'(the fox of desert)라는 별명을 가진 명장이었습니다. 연합군 사령관인 버나드 몽고메리 장군이 영국 제8군 사령관에 임명이 되었을 때 그는 육군 중장이었습니다. 그것이 1942년 8월 19일입니다. 몽고메리 장군은 영국 사관학교 출신이고, 개신교 목사의 아들로서 그도 역시 착실한 신자였습니다. 술과 담배도 하지 않는 청교도적 신앙을 가진 군인이었다고 합니다.

역사상 보기 드문 치열한 전쟁이 알라메인 벌판에서 벌어졌습니다. 처음에는 롬멜의 동맹군이 우세한 것 같았으나 결국 롬멜이 패하고 몽고메리 장군이 승리를 하였습니다. 알라메인 전투에서 롬멜이 잃은 병력은 군사 5만 5천 명, 탱크 450대, 반면에 연합군 사망자는 병력 1만 3500명, 탱크 500대라고 합니다. 이리하여 연합군이 승리를 거두었습니다.

몽고메리 장군은 육군 원수가 되었습니다. 반면 롬멜은 히틀러에게 불려갔습니다. 패전의 책임을 지게 된 것입니다. 롬멜 장군은 1944년 반히틀러 음모에 관련되어 살해되었다고 합니다.

우리가 알라메인 지역에 가서 구경할 수 있는 몇 군데가 있습니다. 그중의 한 곳은 알라메인 군사박물관입니다. 알라메인은 알렉산드리아에서 마사 마투루 쪽으로 약 100킬로미터 지점에 있습니다. 알라메인 군사박물관은 길 왼쪽에 있습니다. 군사박물관에 가서 보면 당시 전쟁에 사용되었던 탱크, 대포, 기관총, 소총 등의 무기들을 볼 수가 있고 군인들의 복장, 군대의 깃발, 그 외 여러 가지 군용품들을 전시하여 놓은 것을 구경할 수가 있습니다. 그리고 당시 병력 주둔 현황 작전 계획 지도, 그때 발간된 신문 보도 등도 전시되어 있습니다.

그리고 바로 이웃에는 연합군 전사들의 묘지(War Cemetery)가 있습니다. 영국, 뉴질랜드, 오스트레일리아, 그리스, 프랑스, 인도군 등 전사한 병사들의 무덤마다 돌비가 세워져 있습니다. 총 7,367명의 무덤비가 있습니다.

묘비를 읽어보면 수많은 무명의 비석, 이름이 없는 비석들을 볼 수가 있습니다. 그리고 거기에서 마사 마투루 쪽으로 조금 더 가다가 길 오른편에는 독일군 묘소(German War Memorial Grave)가 있고, 그와 같은 쪽에 이탈리아 군 묘소도 있습니다. 이탈리아 묘소를 가보면 돌비석으로 된 건물 안에 4,800명 전사들의 이름이 묘소의 사면 벽에 새겨져 있습니다. 독일군 묘소에는 4,280명 전사자들의 명단이 새겨져 있습니다.

1992년은 알라메인 전투가 있은 지 50주년이 되는 해였습니다. 1992년 10월 25일에는 당시 전쟁에 참가했던 전쟁용사들 그리고 독일, 이탈리아, 영국, 프랑스, 그리스 등 각국의 대통령, 수상들, 알라메인의 노장들과 명사들이 대거 모여서 각기 기념식을 가졌습니다.

2. 시와(Siwa) 오아시스

애굽의 지도를 펴놓고 살펴보면 애굽은 사막의 나라인 것을 금방 알 수 있습니다. 카이로와 알렉산드리아 그리고 포트사이드를 잇는 삼각주(delta) 지역과 나일 강 주변의 푸른 초원을 제외하면 모두가 모래사막으로 되어 있는 나라인 것 같습니다. 사실이 그렇습니다. 전 국토의 95.5퍼센트가 사막이라고 하니 더 말할 것도 없습니다. 그런데 신기한 것은 사막 한 가운데에, 그것도 나일 강에서 수백 킬로미터 떨어진 모래밭 한 가운데에서 샘물이 솟아나고, 솟아나는 샘물로 인하여 큰 호수를 이루고, 솟아나는 샘물을 중심으로 하여 동리가 형성되어 있는 곳들을 수없이 많이 볼 수가 있습니다. 이런 곳들을 가리켜 '오아시스'라고 합니다.

나일 강 서쪽 사막에 위치한 오아시스 중 대표적인 것만 예를 들면 시와 오아시스를 비롯하여 파윰 오아시스(카이로에서 가장 가까운 곳에 있는 오아시스 지역), 바하리아(Baharia) 오아시스, 파라프라(Farafra) 오아시스, 하르가(Kharga) 오아시스, 다흘라(Dakhla) 오아시스 등을 들 수가 있습니다. 오아시스마다 특징이 있습니다.

그러나 그중에서 가장 역사가 깊고 또 유적지로서 가 볼 만한 곳은 아무래도 시와(Siwa) 오아시스라고 추천할 수 있을 것입니다. 만일에 기독교인들로서 가 보고 싶은 오아시스가 어디냐고 한다면 앞에 소개하여 드린 오아시스 가운데 다흘라 오아시스와 하르가 오아시스를 소개할 수 있습니다. 이 두 곳은 지금도 수도원이 있고 교회도 있는 곳입니다. 기원 4세기 콥틱 시대, 애굽의 기독교 전성시대에 이 두 곳은 100퍼센트 기독교 동리였던 곳이라고 합니다.

초대 교회사에서 이름 있는 학자인 아다나시우스는 알렉산드리아 출신입니다. 그는 말년에 이 오아시스에 와서 수도하며 여생을 보냈다고 합니다. 다흘라 오아시스와 하르가 오아시스는 서로 이웃해 있는 오아시스로서 아슈트에서 서남쪽으로 한 200킬로미터 지점에 위치하고 있습니다.

시와 오아시스는 마사 마투루에서 서남쪽으로 정확하게 305킬로미터입니다. 그런고로 카이로에서 800킬로미터입니다. 시와 오아시스는 리비아 국경선에서 그리 멀지 아니한 지점에 있으므로 전에는 이곳을 방문하려면 사전에 군 당국으로부터 허가를 받아야 했지만 지금은 그러지 않아도 상관이 없습니다. 시와는 인구 1만 2천 명 규모의 큰 동리입니다. 동네 가운데에는 주유소도 있고, 경찰서, 파출소도 있고, 우체국, 약방, 병원, 슈퍼마켓, 자그마한 시장도 하룻밤 묵을 수 있는 호텔도 몇 군데 있습니다. 아루스 와하 호텔을 비롯 시와 호텔, 마디나 호텔, 아문 호텔, 요셉 호텔 등이 눈에 띄었습니다.

그리고 시와에서 가볼 만한 곳으로는 첫째로 게벨 마오타(Gebel Mawta, mountain of the dead)가 있습니다. 300개의 무덤이 있는 작은 무덤산입니다. 미니아 근처의 베니 하산에 있는 무덤과 비교가 되는데, 베니 하산의 무덤은 강을 따라가면서 산 한쪽(서쪽)에만 무덤을 만들어 놓았는데 이곳 시와의 무덤산은 산 전체가 무덤으로 되어 있습니다. 그리 크지 않은 작은 산입니다. 산 사방을 둘러가면서 무덤을 만들어 놓았습니다. 돌산이기 때문에 암반을 뚫어서 무덤집을 만들어 놓은 것입니다. 어떤 무덤은 그 내부가 상당히 큽니다. 안내자를 따라서 무덤 내부를 몇 군데 들어가 보았는데 상당히 큰 무덤도 있었습니다.

들어가 볼 수 있는 무덤 중에 니페르파토트의 무덤(Tomb of Niperpathot)이 있습니다. 니페르파토트는 제26왕조 대의 제사장이었다고 합니다. 모두 세 개의 방으로 되어 있는 제법 큰 무덤굴이었습니다. 그리고 그 다음에는 시아문의 무덤(Tomb of the Siamun)을 들어가 볼 수 있습니다. 무덤 내부에 벽화가 그려져 있습니다. 그리고 악어 무덤이 있습니다. 악어 무덤은 개방하지 않고 있습니다.

그리고 그 다음으로 가 볼 만한 곳은 오라클 신전(Temple of the Oracle)으로 옛 신전이 있던 곳인데, 일명 알렉산더 대왕의 신전이 있었던 곳이라고 합니다. 무덤산 있는 데서부터 그렇게 멀지 아니한 곳에 위치하고 있습니다. 상당히 높은 언덕 위에 세워진 신전터입니다. 룩소의 카르낙 신전이나 룩소 신전과도 비교가 안 되는 작은 규모입니다. 그러나 그런대로 역사적 의미를 찾아볼 수 있는 장소입니다. 상당히 높은 산 위에 위치하고 있기 때문에 신전 터 위에 올라가면 시와 마을의 아름다운 경치를 구경할 수가 있습니다. 대추야자숲으로 우거져 있는 마을이 한눈에 내려다보입니다. 이곳에 신전이 세워진 것은 제26왕조, 그러니까 바사 왕 아하수에로 때라고 하였습니다. 애굽은 그때 바사의 손 아래 있었습니다.

그러나 오늘날 이 신전은 마케도니아 왕 알렉산더 대왕의 신전으로 알려져 있습니다. 알렉산더 대왕이 이곳 시와를 방문하였고 이곳 신전터에 자신의 이름으로 신전을 증축하였던 것 같습니다. 지금 이 신전터 주변에는 산 중턱에까지 집들이 지어져 마을을 이루고 있습니다.

이 마을에 얽힌 이야기 하나가 있습니다. 이 마을에 사는 한 여인이 해산할 날이 거의 가까웠을 때에 죽었습니다. 그 여인을 이 산에다가 매장을 하였는데, 그 여인이 죽은 후 무덤 속에서 해산을 했습니다. 장사한 지 두 달이 지났는데 어떤 사람이 그 근처를 지나가다가 땅속에서 어린아이 울음소리가 나는 것을 들었습니다. 그래서 땅을 파 보았더니 무덤 속에서 한 어린아이가 나왔습니다. 그 어머니도 눈을 뜬 채 울고 있었습니다. 그러나 그 어머니는 곧 다시 눈을 감고 죽고 말았고, 어린아이는 안전하였다고 합니다. 전설 같은 이야기입니다.

그리고 이 신전이 있는 곳에서 조금 옆으로 가다 보면 길가에 한 커다란 샘물이 있습니다. 주변에는 종려나무숲이 우거져 있습니다. 이 샘을 가리켜 클레오파트라 욕장(Cleopatra Hammam)이라고 부릅니다. 지름이 약 7~8미터나 되는 큰 샘입니다. 지금도 땅 속에서 물이 콸콸 솟아오르고 있는 것을 볼 수가 있습니다.

샘물에 손을 넣어 보았더니 따뜻하였습니다. 아주 뜨거운 온천은 아니지만 목욕을 할 수 있는 적당한 온도로 따뜻하였습니다. 클레오파트라 여왕이 이곳에 와서 목욕을 하였다는 전설이 전하여 내려오고 있고, 그런 이유에서 이 샘을 클레오파트라 욕장이라고 부르고 있는 것입니다.

그리고 알렉산더 대왕의 신전 있는 자리에서 클레오파트라 욕장 사이 그 중간 지점에 아문 신전터가 있습니다. 이는 태양 신전입니다. 신전은 거의 다 무너져버렸고 신전터였던 것을 알아 볼 수 있는 몇 개의 기둥들이 남아 있을 정도입니다. 상형문자가 박혀 있는 신전의 벽 일부분이 남아 있어서 아문 신전이 이곳에 있었음을 말해 주고 있습니다. 이 신전은 제30왕조 때에 지어진 것이라고 합니다.

그리고 시와 호수가 있는데 시와 호수는 시와 마을에서 서남쪽으로 조금 떨어진 곳에 위치하고 있습니다. 들어가는 길이 좋지 않기 때문에 큰 차를 가지고 가기는 힘이 들 것 같습니다. 마을에서 마차 택시, 당나귀가 끌고 가는 마차가 거기까지 들어가곤 합니다. 호수는 겨울철에는 물이 가득 차고 여름에는 거의 말라버리는데, 워낙 염분이 많기 때문에 물고기가 서식하지를 못한다고 합니다. 물은 맑고 깨끗한데 물고기는 한 마리도 없는 호수입니다. 또한 굉장히 큰 호수입니다.

아스완과 아부심벨

아스완은 카이로에서 약 1천 킬로미터 남쪽에 위치한 애굽 최남단의 도시입니다. 룩소에서 남쪽으로 167킬로미터 내려가면 콤옴보가 있고 거기에서 약 50킬로미터 더 남쪽에 아스완이 있습니다. 아스완에는 누비안들이 많이 살고 있습니다. 필자가 애굽에 와서 처음으로 아스완에 여행 갔을 때가 1980년도였을 것 같습니다. 여행 중에 한 누비안을 만나 같이 사진도 찍고 예수 그리스도의 복음도 제시하였던 적이 있습니다.

아스완은 애굽 영역이지만 어떤 면에서는 아프리카 쪽에 더 가까운 것같이 느껴지기도 하는 곳입니다. 아스완의 관광지로는 필라 템플과 아스완 하이 댐 등이 있습니다. 필라 템플도 아부심벨처럼 아스완 댐 때문에 물속에 잠기게 된 것을 높은 위치로 옮겨놓은 신전입니다. 보트를 타고 가서 구경할 수 있습니다. 신전의 제일 중심 부분, 구약의 성전으로 말하면 지성소에 해당하는 곳, 곧 신전 내실에는 왕과 대제사장이 제사를 드렸던 돌로 된 제단이 있습니다. 신전 내부에는 왕과 대제사장만이 출입할 수 있었다고 합니다.

필라 템플 역시 신전의 일부를 콥틱 기독교인들이 예배당으로 사용했던 흔적을 찾아볼 수 있습니다. 신전 벽에 이미 있던 조각들을 지우고 십자가와 기독교 성자들을 조각하여 넣은 것을 볼 수 있습니다.

 아스완 댐은 1898년 영국인에 의해 착공되어 1902년에 완공되었습니다. 길이 2140미터, 높이 51미터 규모입니다. 아스완 하이 댐은 1971년 독일과 구 소련의 합작공사로 완공된 길이 3,600미터, 높이 111미터의 거대한 댐입니다. 그 남쪽에는 넓은 바다와도 같은 나세르 호수가 펼쳐져 있습니다. 아스완 동쪽 산비탈에는 미완성 오벨리스크도 구경할 수 있습니다. 아스완 일대의 산의 바위들은 거의 화강암들이기 때문에 오벨리스크나 신전의 비석들, 석관들은 주로 이쪽에 있는 돌들로 만들어졌다고 합니다.

 아스완에는 아스완 박물관도 있습니다. 아스완 박물관은 엘리판트 섬 남단에 있습니다. 육지에서 보트를 타고 건너가서 구경할 수 있습니다. 아스완에는 수많은 관광호텔들이 있습니다. 고급 호텔부터 값싼 호텔, 여인숙까지 강변과 시내에 즐비하게 늘어서 있습니다. Aswan Oberoi Hotel, New Cataract Hotel, Pulman Catract Hotel, Amoun Tourist Village Hotel, Isis Hotel 등은 최고급 호텔들입니다. 그리고 Katabsha Hotel, Cleopatra Hotel, El-Amir Hotel 등도 고급 호텔입니다. 그 외에도 수많은 호텔과 숙박업소 등이 있습니다. 식사를 하려면 시내 중심가의 식당들과 호텔 내 식당들을 이용할 수가 있습니다.

 나세르 호수 남쪽에 위치한 곳이 아부심벨입니다. 아부심벨은 아스완에서 약 280킬로미터 남쪽에 있습니다. 비행기로 아스완에서 20분 정도 그리고 육로로 갈 경우 약 4시간 정도 소요됩니다. 아부심벨에는 신왕국 제19왕조 세 번째 왕인 람세스 2세의 신전이 있습니다. 아스완 하이 댐 공사로 인하여 물 속에 잠기게 된 것을 유네스코가 협력해서 신전을 원래의 위치보다 60미터 상류 유역으로 옮겨 놓았습니다. 아부심벨 대신전 앞에는 람세스 2세의 석상 네 개가 나란히 위치하고 있습니다. 그 중의 하나는 상체 부분이 거의 다 부서졌습니다.

제3부 애굽의 기독교 유적지

1. 시내 산 탐방 안내
2. 고센의 수도 온과 소안
3. 다바네스와 비베셋
4. 알렉산드리아 탐방 안내
5. 와디 나투룬의 성 마카리우스 수도원
6. 성 안토니 수도원
7. 하르가 오아시스와 엘 무하락 수도원
8. 구 카이로

시내 산 탐방 안내

1. 시내 산

시내 산은 이스라엘 역사에 있어서 제2의 성지입니다. 시내 산은 시내 반도 남단에 위치한 2만 4천 평방마일에 달하는 장엄한 바위산으로서 여러 개의 높은 봉우리들로 되어 있습니다. 주봉인 Gebel Musa(2285미터)를 비롯하여 Gebel Katherine, Gebel Serbaal 그리고 Gebel Umn Shmar 등의 거봉들로 이루어져 있습니다. 참고로 카이로에서 시내 산까지의 거리는 육로로 갈 경우 392킬로미터입니다. 카이로에서 수에즈까지가 132킬로미터 그리고 수에즈에서 바란 오아시스까지가 206킬로미터입니다.

시내 산을 가리켜 성경에서는 몇 가지 다른 이름으로 부르고 있습니다. 먼저 출애굽기 3장 1절에는 모세가 소명을 받은 곳을 말씀하면서 호렙 산(Mount Horeb)이라고 했습니다. 그리고 이어서 그곳을 가리켜 거룩한 산(Holy Mountain), 하나님의 산(Mount of God)이라고 하였습니다. 또 다른 구절에서는 이곳을 모세가 미디안 제사장 이드로(모세의 장인)의 양무리를 치던 곳이라고 하였습니다. 모세는 이 일대에서 40년간 목자로서 유목민 생활을 하였습니다. 유목민을 가리켜서 흔히 베두원(Bedouin)이라고 합니다. 출애굽기 19장 18절 이하 23절에서는 모세가 십계명을 받은 곳이 시내 산이라고 기록하였고, 출애굽기 24장 13절에서는 그곳을 하나님의 산이라고 말씀하였습니다. 같은 내용을 기록하면서 신명기 5장 1절 이하 13절에서는 호렙 산이라고 했습니다. 그러므로 결국 시내 산이나 호렙 산은 같은 곳입니다.

시내 산은 하나님의 사람 모세와 밀접한 관련이 있는 산이므로 이 산을 가리켜서 일명 모세 산이라고 부르기도 합니다. 이를 아랍어로는 게벨 모사(Gebel Musa)라고 합니다. 하나님께서 모세를 부르셨을 때, 그리고 모세를 통하여 십계명을 주실 때에 시내 산 곧 그 산꼭대기에 강림하시고 모세를 만나셨다고 하였습니다. 지금 호렙 산 정상에는 이를 기념하는 작은 교회당이 하나 세워져 있습니다. 그리고 그 교회당 내부 벽에는 모세가 홍해를 가르는 모습의 그림이 그려져 있고, 또 다른 쪽 벽에는 모세가 하나님 앞에서 십계명이 쓰여진 두 돌판을 들고 있는 그림과 하나님 앞에 꿇어앉아 기도하고 있는 모습의 성화들을 볼 수 있습니다. 그리고 또 한 가지 신기한 것은 시내산 꼭대기에 있는 우물입니다. 모세기념예배당 오른쪽으로 조금 떨어진 곳에 있습니다.

그리고 열왕기상 19장 8절에 보면 당시 이스라엘 선지자 중에 엘리야가 아합 왕과 왕후 이세벨을 피하여 이곳까지 내려와서 숨어 있었다고 하는 기록이 있습니다. 그러나 필자가 시내 산에 올라갔을 때에는 엘리야 동굴은 찾아볼 수 없었습니다. 그리고 시내 산을 중심으로 한 그 일대를 가리켜 미디안 광야라고 부르기도 하고 시내 광야 혹은 바란 광야라고 부르기도 합니다. 창세기 21장 21절 말씀이나 갈라디아서 4장 25절 등에는 하갈이 아브라함의 곁을 떠나 - 하갈은 애굽 여인으로서 아브라함의 아내 사라의 여종이었습니다. 아브라함이 애굽에 내려왔을 때 얻은 것으로 보입니다 - 이곳에 와서 머물러 살았다고 했습니다. 하갈은 이스마엘의 어머니입니다.

또 다윗이 사울을 피하여 바란 광야까지 내려와서 은신하였던 적이 있었다고 했고(삼상 25:1), 신약시대에 와서는 사도 바울 역시 그가 회심한 후 얼마 동안 이곳 시내 광야에 와서 수양한 적이 있습니다(갈 1:17). 어떻든 시내 산은 성지입니다.

시내 산을 올라가는 데는 약 3시간 정도 걸립니다. 성 캐더린 수도원에서부터 두 갈래의 길이 있습니다. 하나는 완만하게 비교적 올라가기 쉽게 닦아 놓은 길이고 또 다른 한 길은 계곡을 따라 주로 돌계단을 밟고 올라가는 가파른 길입니다. 대개의 경우 올라갈 때는 완만한 길을 따라 올라가고(새벽에 올라가는 것이 힘이 덜 들고 좋습니다), 내려올 때는 계곡을 따라 하산하는 것이 좋습니다.

민수기 33장 3절을 보면 이스라엘 자손들이 정월 15일에 라암셋에서 발행하여 출애굽의 길에 올랐다고 했습니다. 여기서 정월 15일은 물론 히브리 달력입니다. 우리 달력으로 말하면 3월 하순 내지 4월 초에 해당합니다. 그러므로 어떤 영어 역본(Living Bible)에서는 4월 1일로 번역하여 놓았습니다. 출애굽기 9장 31절에는 이스라엘 백성이 출애굽하였을 때를 계절적으로 보리는 이삭이 나오고 삼은 꽃이 필 때라고 했습니다. 그리고 모세가 이스라엘 백성들을 인솔하여 출애굽한 때가 연대로는 대개 기원전 1445년경이었다고 봅니다. 이는 성경(왕상 6:1)에 근거한 연대입니다. 물론 그 이외에 다른 학설도 있기는 합니다.

그리고 출발 지점인 라암셋에 관하여도 그곳이 현재의 어느 위치쯤 되겠느냐 하는 데에도 학설들이 분분하지만, 필자는 옛 고센의 수도였던 온(On)이었을 것이라고 생각합니다. 온은 고대 애굽, 특별히 애굽에 이스라엘 자손들이 번창했을 당시의 하 애굽(Lower Egypt), 곧 고센의 수도였습니다. 그리고 온을 가리켜 태양의 도시 곧 헬리오폴리스라고 불렀습니다. 태양신을 섬기는 태양 신전이 있었던 곳입니다.

이스라엘 백성들의 출애굽 노정(The Route of the Exodus)에 관해서는 전기한 민수기 33장에 자세히 나타나 있습니다. 그러나 거기 나타난 지명들은 적어도 3500년 전의 이름들이기에 오늘날까지 그 지명들이 그대로 남아 있지는 않습니다. 그리고 이스라엘 백성들이 육지같이 건넜다고 한 홍해는 지금의 수에즈 운하가 시작되는 지점 근처라고 보는 학설이 지배적인 것 같습니다. 홍해를 건넌 그들 행렬은 홍해를 끼고 줄곧 시내 반도를 따라서 내려갔던 것입니다. 여기에는 별로 이견이 없습니다. 그리고 그들이 홍해를 건넌 후 처음으로 멈추었던 곳이 마라(Marah)라고 했습니다(민 33:8). 그리고 그 근처에는 천연 샘물이 있었다고 했습니다. 그러나 그 물은 쓴 물이어서 마실 수가 없었는데 모세가 나뭇가지를 꺾어서 던지매 쓴 물이 변하여 단물이 되었습니다(출 15:25). 지금은 이곳을 모세의 우물터(Ayun Musa)라고 부르는데, 모세의 우물은 수에즈 터널에서 약

30킬로미터쯤 내려가면 길 오른쪽에 위치하고 있습니다.

2. 성 캐더린 수도원(St. Catherine's Monastery)

성 캐더린을 기념하여 붙여진 이름입니다. 성 캐더린은 기원 294년 알렉산드리아의 어느 한 귀족 가문에서 태어난 미모의 여성이었습니다. 그녀는 수리아의 수도사의 전도를 받고 예수를 믿게 되었다고 합니다. 그리고 세례를 받아 캐더린이라는 세례명을 얻게 되었습니다. 기원 4세기 초 맥시미안 황제 박해 때 그녀는 끝까지 신앙을 지키다가 끝내 순교를 당한 훌륭한 여성도였습니다. 전설에 의하면 천사들이 그의 유해를 이 하나님의 산 꼭대기에 옮겨 두었다고 합니다. 그러고 난 후 많은 세월이 흐른 다음 이곳 수도원의 수도사들이 꿈에 천사들의 지시를 받아 이 사실을 알고 올라가 그의 유해를 옮겨다가 이 사원 안의 한 채플에 안치하였다고 합니다.

기원 337년 콘스탄틴 대제의 어머니인 성 헬레나가 이 산을 방문하여 이곳에 수도원을 지을 것을 지시하였다고 합니다. 그러나 실제로 수도원이 세워진 것은 기원 545년으로 저스틴 황제가 현재의 위치에 수도원을 지었다고 합니다.

성 캐더린 수도원에서 유일하게 살아 있는 불타는 떨기나무(burning bush) 한 그루를 볼 수가 있습니다. 수도원 뒤 담벼락에 있습니다. 그리고 그 옆에 세워진 교회를 변화교회(The Church of the Transfiguration)라고 합니다. 기원 561년 저스틴 황제가 그해에 죽은 그의 부인을 기념하여 지은 것이라고 하는데, 비잔틴식 건물로서 애굽에 남아 있는 것으로는 유일한 것입니다. 그 교회 내부에는 세계에서 가장 오래된 모자이크 벽화로 예수님이 변화하시는 모습(마 17장)과 그 옆의 모세, 엘리야 등의 모습을 볼 수 있습니다. 그리고 북쪽 벽에는 모세가 떨기나무 불꽃 앞에 엎드려 있는 모습의 그림이 있고, 남쪽 벽에는 모세가 십계명의 두 돌판을 받들고 서 있는 그림이 있습니다.

이 수도원 내에는 변화 교회당을 중심으로 하여 여러 개의 채플(Chapel)이 있습니다. 성모 마리아 채플, 성 스데반 채플, 성 안토니 채플, 성 세례 요한 채플 등 모두 열 개입니다. 이 수도원에는 소위 유명한 시내 산 사본(사복음서)도 보관하고 있다고 합니다. 수리아어, 그리스어, 콥틱어 등으로 쓰여진 오래된 성경 사본들이 비치되어 있습니다. 그리고 교회당 바깥 정원 있는 쪽에는 납골당의 집(The Charnel House)이 있는데 거기에는 수많은 해골, 곧 마른 뼈들이 쌓여 있는 것을 보게 됩니다. 수많은 해골들을 방 마룻바닥에 산더미처럼 쌓아 두었습니다. 그 가운데에는 기원 6세기, 이 사원 최초의 수도사였던 스테파노(기원후 680년)의 것부터 천 수백 년 동안 내려오면서 이곳에 와서 수도하다가 돌아간 수도사들의 해골들이 쌓여 있습니다.

3. 바란 오아시스

성경에서는 이곳을 르비딤으로 기록하였습니다. 출애굽기 17장에 보면 이스라엘 자손들이 이 근처에서 머물고 있을 때에 그 근처에 살던 아말렉 자손들이 내려와서 이스라엘을 괴

롭혔다고 하는 이야기가 있습니다. 바란은 계곡입니다. 이곳에는 여러 군데 샘이 있고 대추야자숲이 우거져 있습니다. 그리고 조그마한 수도원이 하나 있는데, 이 수도원에는 여자 수도사들만 있습니다. 기원 7세기 아랍 정복 이전까지는 이곳에 여러 개의 수도원이 있었다고 합니다.

창세기 21장 21절이나 갈라디아서 4장 25절에는 하갈이 아브라함의 곁을 떠나 이스마엘을 데리고 이 근처에 와서 살았다고 했습니다. 또 모세가 바란 광야 가데스에서 열두 명의 정탐꾼을 가나안 땅으로 들여보냈다고 하였습니다(민 13:1-3). 그러나 정탐꾼을 들여보낸 곳은 정확하게 말하면 가데스 바네아인데(민 32:8), 가데스바네아는 시내 반도에서 가나안으로 들어가는 접경 지역입니다. 호렙 산에서 열하룻길이라고 했습니다(신 1:2).

그리고 시내 산을 다녀오는 길에 잠시 차에서 내려서 해수욕을 즐길 수 있는 곳이 있는데 아부제네마 해변입니다. 수면이 얕고 물이 아주 맑은 해변입니다. 조개껍질도 채집할 수 있고 예쁜 돌멩이도 주울 수 있습니다. 성경에 보면 이곳 역시 출애굽 당시 이스라엘 백성들이 모세와 아론을 원망하였던 곳이기도 합니다.

"우리가 애굽에 있을 때에는 값없이 생선과 외와 수박과 부추와 파와 마늘을 먹을 수 있었거늘 너희가 우리를 이 광야로 인도하여 내어 우리로 주려 죽게 하는도다"(출 16:1-3; 민 11:5-6).

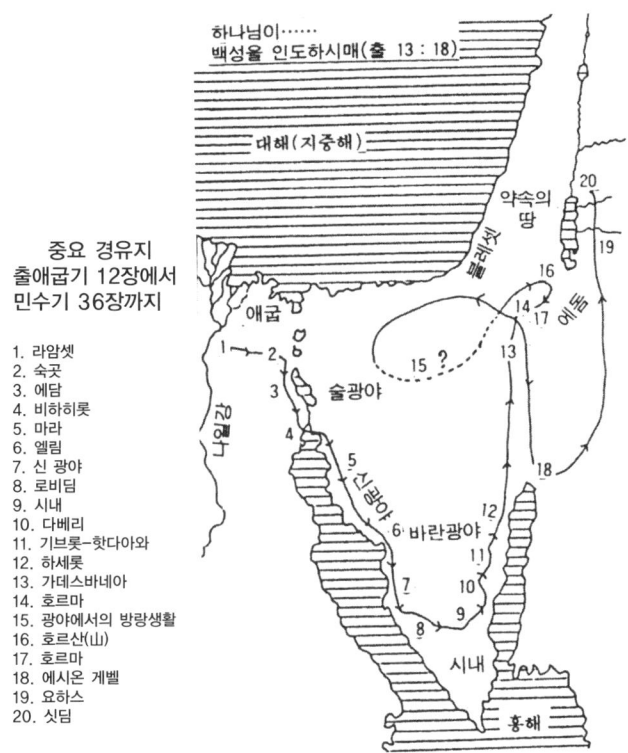

중요 경유지
출애굽기 12장에서
민수기 36장까지

1. 라암셋
2. 숙곳
3. 에담
4. 비하히롯
5. 마라
6. 엘림
7. 신 광야
8. 르비딤
9. 시내
10. 다베라
11. 기브롯-핫다아와
12. 하세롯
13. 가데스바네아
14. 호르마
15. 광야에서의 방랑생활
16. 호르산(山)
17. 호르마
18. 에시온 게벨
19. 요하스
20. 싯딤

〈지도 2〉 출애굽 여정 (1)

1. 시내 산 탐방 안내 159

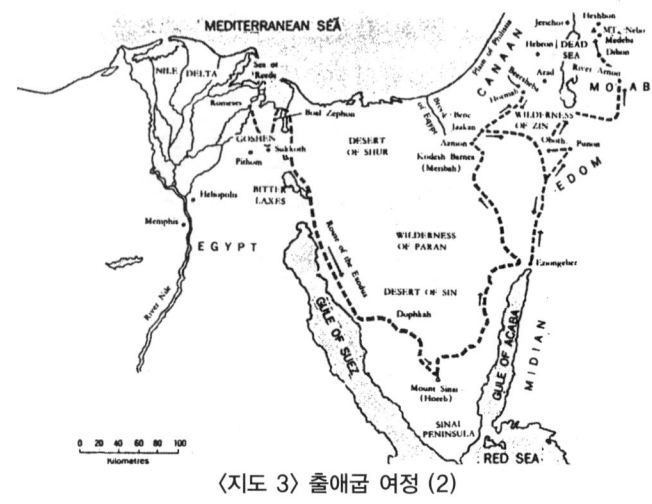

〈지도 3〉 출애굽 여정 (2)

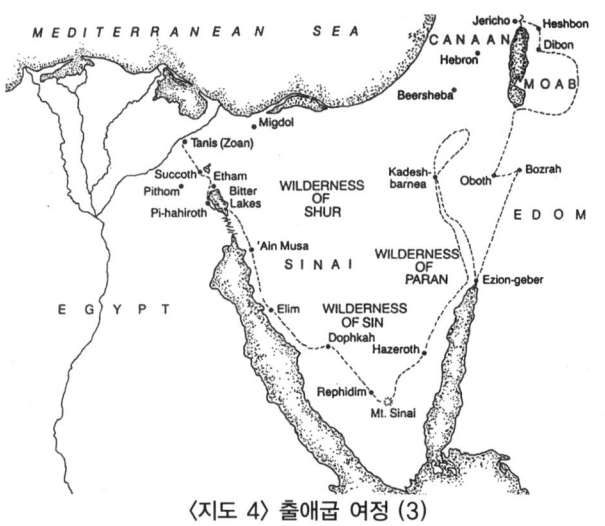

〈지도 4〉 출애굽 여정 (3)

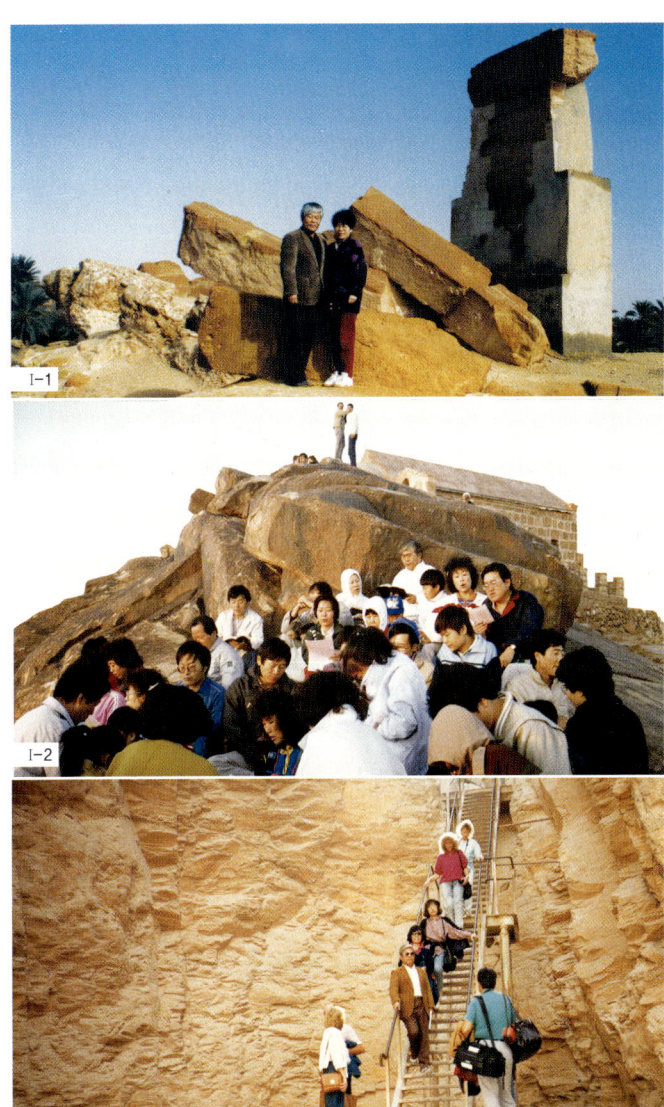

성지순례 이집트

I-1. 시와에 있는 아문 신전터
I-2. 시내 산 정상의 모습
I-3. 룩소 왕가의 계곡에 있는 툿투모세 3세의 무덤 입구
I-4. 아부심벨의 람세스 2세의 석상들
I-5. 콤움보 신전

성지순례 이집트

성지순례 이집트

J-1. 시와에 있는 게벨 마오타(무덤산)
J-2. 펠루지움(디바네스)에 있는 옛 바로의 궁터
J-3. 알라메인 군사 박물관(제2차 세계대전 시 사용했던 대포의 모습)
J-4. 알라메인에 있는 연합군 묘지
J-5. 성 안토니 수도원 전경

성지순례 이집트

K-4

K-5

K-1. 룩소의 카르낙 신전
K-2. 카르낙 신전의 람세스 2세의 석상
K-3. 룩소의 하셉슈트 신전
K-4. 룩소에 있는 아멘호텝 3세의 석상
K-5. 시와에 있는 클레오파트라 함맘(목욕장)

성지순례 이집트

성지순례 이집트

L-1. 애굽 왕 바로 시삭(제22왕조)의 도읍지 비베셋-고센 지역
L-2. 아스완의 하이 댐 기념비
L-3. 필라 신전 내부
L-4. 아스완에 있는 필라 신전
L-5. 아부심벨 람세스 2세 신전 내부

성지순례 이집트

고센의 수도
온과 소안

1. 온(On)

창세기 46장 34절이나 출애굽기 9장 26절 등을 보면 이스라엘 자손들이 애굽에 내려와서 살던 땅을 고센이라고 하였습니다. 그리고 창세기 47장 11절에는 고센 땅을 일명 라암셋이라고 말씀하고 있습니다. 이 말씀의 뜻은 라암셋이라는 지명이 고센 지방 내의 어느 한곳이라는 의미인 줄 압니다.

그런데 민수기 33장 3절에는 이스라엘 자손들이 정월 15일에 라암셋에서 발행하여 나아갔다고 하였습니다. 즉 이스라엘 백성의 출애굽 출발 지점을 라암셋이라고 말씀한 것입니다. 여기의 정월 15일은 물론 히브리 달력으로 말씀한 것입니다. 우리 달력으로 말하면 3월 하순 내지 4월 초에 해당합니다. 그러므로 영어 역본 중 Living Bible에서는 4월 1일로 번역하여 놓았습니다. 출애굽기 9장 31절에는 이스라엘 자손들이 출애굽 당시는 계절적으로 볼 때 보리 이삭이 나오고 삼은 꽃이 피었을 때라고 하였습니다. 애굽은 3월 하순이 되면 보리가 이삭이 나고 삼은 꽃이 핍니다.

그런데 출애굽기 1장 11절에는 "그들로 바로를 위하여 국고성 비돔과 라암셋을 건축하게 하니라"는 말씀이 있습니다. 70인역(LXX)에는 여기의 비돔과 라암셋 그리고 온(On)이 첨

가되어 있습니다. 즉 비돔과 라암셋 그리고 온을 건축하였다고 기록하고 있습니다(And he set over them task-masters who should aflict them in their works, and they built strong cities for Pharaoh, both Pithom and Rameses and On, which is Heliopolis.)

온은, 창세기 41장 45절에 요셉이 애굽의 총리가 된 후 바로 이 온의 제사장 보디베라의 딸 아스낫을 요셉에게 아내로 주었다고 하는 말씀이 있습니다. 온은 당시 고센의 수도였습니다(W.H. Gispen, *Exodus*, p.34. *Encyclopedia of the Bible*, p.535) 그리고 온은 이스라엘 자손들에 의해서 건설된 도시로 되어 있습니다. 한편 이사야서 19장 18절에는 애굽이 장망성이라는 말이 나옵니다. 그리고 성경 난외주(foot note)에 보면 장망성을 태양성 곧 태양의 도시(the City of the Sun)라고 설명하였는데, 이는 헬리오폴리스 곧 온을 가리켜서 하는 말입니다.

그때 헬리오폴리스에는 태양을 숭상하는 태양신전이 있었습니다. 태양신 Ra 혹 Atum을 신으로 섬기는 신전이 있었던 것입니다. 이 태양신전은 멀리 제12왕조의 세소스트리스 1세 때에 지어진 것으로 보며, 그후 제18왕조 때의 바로인 툿투모세 3세가 신전을 크게 증축하고 주상(Obelisk)을 두 개나 세웠다고 합니다. 그후 제19왕조 때 세티 1세도 여기에 태양신전을 지었다고 합니다.

예레미야 43장 13절에는 "그가 또 애굽 땅 벧세메스의 주상들을 깨뜨리고 애굽 신들의 집을 불사르리라"고 한 말씀이 있습니다. 여기의 그는 바사의 느부갓네살 왕을 가리키며 애굽 땅 벧세메스(태양의 집이라는 뜻임)는 헬리오폴리스, 곧 태양의 도시 온을 가리킨다고 하였습니다(Living Bible, RSV Bible 참조). 애굽 땅 벧세메스는 페르시아 정복(기원전 525년) 때에 폐허가 되었습니다. 성경의 말씀대로 된 셈입니다.

그때 온에는 여러 개의 방첨탑이 있었다고 하는데, 좀더 자세히 말한다면 제6왕조 때 테티 왕의 오벨리스크를 비롯해서 툿투모세 3세가 세운 주상이 둘인데, 그중의 하나는 지금 영국 런던에 가 있고 또 다른 하나는 뉴욕에 가 있습니다. 그리고 제19왕조 세티 1세의 오벨리스크도 있었는데 그것은 지금 로마에 있다고 합니다.

현재 알 마타리야에 고고히 서 있는 오벨리스크는 제12왕조 때의 두 번째 왕인 세누세르트 1세가(세소스트리스라고도 함, 기원전 1940년) 세운 것이라고 합니다. 붉은 화강암 – 이 돌은 저 멀리 아스완에서 떠 온 것입니다 – 으로 깎은 높이 20.4미터, 무게 121톤의 거대한 방첨탑인 것입니다. 원래 신전 앞에 세워진 이 주상들은 태양신의 상징이라고 합니다. 그리고 고대 애굽의 고센의 수도였던 온의 당시 인구는 100만 명이 넘었고, 관공리의 숫자만도 4,583명이나 되었다고 합니다. 그리고 이곳은 – 현재의 지명 알 마타리야, 알 말타리야는 지금의 헬리오폴리스에서 북서쪽으로 약 5킬로미터쯤에 위치하고 있습니다 – 예수님의 성 가족이 애굽으로 피난 오셨을 때 잠시 들르셨던 지점이기도 합니다(Otto Meinardus, *The Holy Family in Egypt*, p.35).

2천 년 전 예수님의 성 가족이 이곳에 들르셨을 때 그곳은 이미 폐허가 된 벌판이었고, 한 그루의 뽕나무가 서 있었는데 마리아와 요셉이 아기 예수님을 모시고 그 그늘에서 쉬셨다고 합니다. 지금도 그곳에 가면 최근에 죽어버린 300년 묵은 뽕나무의 고목을 구경할 수 있습니다.

예수님의 성 가족은 이곳을 거쳐서 구 카이로(Old Cairo, 지금의 아부사르가 교회 있는 자리)에 오셔서 얼마 동안 피신하였다고 합니다. 그러고는 나일 강의 보트를 이용하여 더 남쪽으로 내려가서 지금의 아슈트 근방까지 내려가셨을 것이라고 합니다.

지금 아슈트에 가보면 예수님이 오셔서 피신하였던 자리에는 알 무하라크 수도원이 세워져 있습니다. 이 수도원은 기원 4세기경에 세워진 콥틱 수도원인데 지금도 50여 명의 수도사가 수도하고 있습니다.

2. 소안(Zoan)

삼각주 동북쪽에 위치한 성경 지명입니다. 현재는 이곳을 산 엘 하가르(San el Hagar)라고 부르며, 헬라 시대에는 타니스라고 불렀습니다. 70인역본에는 타니스라고 번역이 되어 있습니다. 포트사이드에서 서남쪽으로 약 120킬로미터쯤 떨어진 곳에 있습니다.

민수기 13장 22절, 시편 78편 12절, 이사야 19장 11-13절, 에스겔 30장 14절 등에 언급된 성경 지명으로서 민수기 13장 22절에 의하면 헤브론과 비슷한 시기에 건설된 도시라고 했습니다. 창세기에 의하면 아브라함 때에 벌써 헤브론의 이름이 나옵니다. 그런고로 매우 오래된 도시였음을 알 수 있습니다.

힉소스 족이 애굽에 내려왔을 때의 수도인 아바리스가 소안을 가리키며, 힉소스 왕조는 제15왕조에서 16왕조(기원전 1674~1567년)까지를 말합니다. 그후 21왕조와 22왕조(기원전 1085~715년) 때에도 애굽의 수도였다고 합니다(Zondervan, p.1068).

출애굽기 12장 37절이나 민수기 33장 3절 등에 보면 이스라엘 백성들이 출애굽 시 출발하였던 지점을 라암셋이라고 하였는데, 여기의 라암셋은 소안을 가리킨다고 주장하는 학자들도 있습니다. 물론 거기에 동의하지 않는 학자들도 있습니다.

지금 소안에 가보면 흙벽돌로 쌓아놓은 성터와 남아 있는 유적들을 살펴볼 수 있습니다. 람세스 2세의 석상들과 방첨탑 그리고 바로 왕 시삭의 무덤도 그곳에 있습니다.

다바네스와 비베셋

1. 다바네스(Tahpanhes)

삼각주 동쪽 지중해변에 위치한 성경 지명입니다. 현재는 펠루지움 혹은 텔 엘 파라마라고 부르는 곳입니다. 포트사이드로 가다가 엘 칸타라에서 운하를 건너 엘 아리쉬 쪽으로 약 55킬로미터 가면 길 왼쪽에 텔 엘 파라마(Tel el Farama)라는 길 표지판이 나옵니다.

예레미야 43장 7-9절을 비롯해서 예레미야 44장 1절과 46장 14절에 언급되어 있습니다.

이 성읍은 바로 느고 1세의 아들 프삼메티커스 1세(Psammetichus 1, 기원전 664~610년)에 의해서 건설된 도시라고 합니다. 바로 느고는 애굽의 제26왕조 때의 왕입니다. 홍해와 지중해를 연결하는 운하를 최초로 건설하려고 하였던 왕이었으며, 열왕기하 23장 29절에 의하면 느고가 군대를 거느리고 수리아 원정을 하였던 적이 있습니다. 그때 므깃도에서 요시야 왕을 전사하게 한 왕입니다.

예레미야 46장 2절에 의하면 바로 느고는 유브라데 하숫가 갈그미스에서 바벨론 왕 느부갓네살에게 패한 적이 있다고 하였습니다. 그리고 예레미야 43장 7-9절에는 예레미야 선지자가 타의에 의하여 애굽으로 내려왔을 때 이곳 다바네스에 와서 거하였다고 했습니다. 예레미야 선지자는 이곳을 비롯해서 믹돌과 놉과 바드로스 지방에 거하는 유대인들에게 하나님의 말씀을 선포하였다고 합니다. 학자들에 의하면 예레미야 선지자가 이곳에서 유대인들에게 돌에 맞아 순교를 하였다고 하기도 합니다. 예레미야 43장 9절에 다바네스에 바로의 집(왕궁)이 있었다고 했는데 지금 그 유적들을 일부 구경할 수 있습니다.

예수님께서 헤롯을 피하여 애굽으로 내려오셨을 때도 이곳에 들르셨을 것이라고 봅니다. 그때 이곳은 애굽의 중요한 항구도시였다고 합니다(Otto Meinardus, P.26). 예수님의 성 가족 일행은 텔 엘 바스타와 빌바이스 지역을 여행하셨습니다. 그 옛날에는 그곳 일대를 가리켜 고센이라고 불렀으며 이스라엘 백성들이 430년 동안 살았던 지역입니다.

2. 비베셋(Pibeseth)

비베셋은 지금의 자가지그에서 약 2킬로미터 남쪽 지점에 위치한 성경 지명입니다. 지금은 텔 엘 바스타(Tel el Basta)라고 부르는 유적지입니다. 자가지그는 탄타와 더불어 델타 지역 중심도시 중의 하나입니다

에스겔 30장 17절에 비베셋의 이름이 언급되어 있습니다. 열왕기상 11장 40절에 보면 여로보암(솔로몬의 신하) 이 솔로몬에게 반역을 일으키다가 그에게 쫓겨 애굽 왕 시삭에게로 도망하여 솔로몬이 죽을 때까지 그곳에 숨어 있었다고 하였습니다. 시삭은 제22왕조 때의 왕입니다. 그리고 열왕기상 14장 25-28절 말씀에는 르호보암 왕(솔로몬의 아들, 북방 이스라엘 왕)

제5년에 애굽 왕 시삭이 올라와서 예루살렘을 치고 여호와의 전의 보물과 왕궁의 보물을 몰수하여 갔다고 했습니다. 지금 우리가 이곳을 방문하면 옛 바로의 신전터와 남은 유적들 그리고 수많은 흙무덤들을 구경할 수가 있습니다.

예수님께서 애굽으로 피난 오셨을 때 델타 지역의 중심부인 이곳에도 오셨다고 합니다(Otto, p.30). 전설에 의하면 성 가족이 비베셋에 이르렀을 때 그곳 마을 사람들이 마리아와 요셉을 푸대접하였다고 합니다. 이 마을에서 푸대접을 받은 성 가족은 하루 동안을 걸어서 남쪽으로 내려오다가 오늘의 빌바이스에 이르렀다고 합니다. 성 가족이 이 마을에 들어섰을 때 마침 그 마을에서는 장례식이 거행되고 있었는데, 그들을 불쌍히 여기신 아기 예수님께서 그 죽은 자를 다시 살려 주셨다고 합니다. 죽었던 사람이 다시 살아나자 온 마을 사람들은 예수님을 크게 영접하였습니다. 이 일로 인하여 모든 빌바이스 사람들이 예수님을 믿게 되었다고 합니다.

중세시대에 이르기까지 수많은 순례자들이 빌바이스를 방문하여 성 가족을 기념하는 마리아의 나무 아래에서 경배를 하곤 하였답니다. 그후 나폴레옹의 군사들이 이 나무를 잘라 버리려고 했지만 그들이 내려친 첫 도끼 자국에서 피가 나오는 것을 보고는 겁을 먹고 도망을 쳤다고 하는 이야기가 전해지고 있습니다. 그러나 이 마리아의 나무는 기원후 1850년경에 고목으로 잘려 화목이 되고 말았다고 합니다.

자가지그에는 텔 엘 바스타의 유물품들을 모아서 전시하고 있는 작은 박물관이 하나 있습니다.

4

알렉산드리아
탐방 안내

1. 역사적 개관

알렉산드리아는 애굽 북부 나일 삼각주 서단에 위치한 지금 애굽 제2의 항구도시입니다. 헬레니즘 시대에는 세계 최대의 상업, 무역, 문화의 중심지로서 군림하기도 하였습니다. 알렉산드리아는 기원전 332년 알렉산더 대왕에 의해서 세워진 도시입니다. 알렉산더는 마케도니아 왕으로서 그의 부왕 필립 2세가 암살됨에 따라 나이 20세에 즉위한 왕이었습니다. 알렉산더가 왕이 된 후 그는 그리스를 비롯하여 페르시아 및 소아시아 전역을 정복하여 그의 치하에 넣었습니다. 바벨론에 도읍을 정하고 동쪽으로 멀리 인도 국경 있는 데까지 진출하여 나아갔으며, 애굽도 그의 치하에 들어가게 되었습니다.

알렉산더는 애굽을 정복한 후 이곳을 세계 무역의 중심지로 삼으려는 웅대한 구상을 하고 여기에 도시를 세웠다고 합니다. 그리고 자신의 이름을 따서 알렉산드리아로 부르게 하였습니다. 이것이 알렉산드리아가 세워진 유래입니다.

알렉산더 대왕이 죽은 후(기원전 323년) 그의 뒤를 이어받은 사람은 당시 알렉산더 대왕의 부하 장군이었던 톨레미 소터였습니다. 알렉산더가 죽었을 때 그에게는 어린 아들과 그의 이복동생 필립 아르히데오스가 있었습니다. 처음에는 톨레미 장군이 이들과 함께 나라를 이끌어 갔습니다. 그러나 기원전 305년에 이르러 톨레미가 왕위에 오르게 되었고 그로부터 명실 공히 톨레미 1세가 되고 애굽의 왕으로 군림하게 된 것입니다. 이렇게 해서 생긴 왕조가 톨레미 왕조입니다. 톨레미 왕조는 연대로 말하면 기원전 305년에서 기원전 30년까지에 이르게 됩니다. 톨레미 왕조를 마지막으로 장식한 사람은 유명한 클레오파트라 여왕(기원전 69~30년)입니다.

톨레미 1세가 애굽의 왕으로 있을 때에 그가 이루어 놓은 몇 가지 업적이 있습니다. 첫째로는 그가 애굽을 다스리는 동안 국토가 넓어졌습니다. 군대를 몰고 팔레스타인, 유대 지방까지 원정을 가서 애굽의 영토를 넓혔을 뿐만 아니라 멀리 시리아, 소아시아 지방까지 정복을 하여 자기의 영토를 확장했습니다. 그리고 그는 문화사업에도 힘을 기울여 알렉산드리아를 지중해 세계뿐 아니라 아라비아, 인도에 이르는 세계의 중심지로 만들어 놓았습니다.

톨레미 왕조시대에 알렉산드리아는 지중해 세계뿐만 아니라 전세계의 종교, 학문, 무역의 중심지였습니다. 그는 이곳에 알렉산드리아 대학을 세웠고, 박물관, 도서관들을 세웠습니다. 이것들은 그 당시 세계적으로 유명한 것들이었습니다. 그리고 세계의 이름 있는 학자들을 불러다가 학문을 연구하게 하였습니다. 알렉산드리아 학파는 이런 분위기 속에서 생긴 것이요, 여기에서 자라난 사람들 중에 혜성처럼 빛나는 학자들이 여러 명 있습니다. 알렉산드리아의 클레멘트와 오리겐, 필로 아다나시우스 등은 너무나 유명한 학자들입니다.

알렉산드리아는 알렉산더 대왕이 도시를 건설하기 이전부터 유대인들과 헬라인들이 많이 내려와서 살고 있었다고 합니다. 그런데 톨레미 1세가 왕이 되고부터는 더욱더 많은 유대인, 헬라인들이 내려와서 정착하였습니다. 그들에게 특별한 혜택까지 주면서 이주를 시켰다고 합니다. 톨레미 1세는 해변에 있는 섬 - 이 섬은 바로의 섬이라고 합니다 - 에다가 '바로의 등대'를 세우기도 했습니다.

톨레미 1세가 죽고 아들 톨레미 필라델푸스가 톨레미 2세로 왕위에 올랐습니다(기원전 284~246년). 톨레미 2세는 아버지의 뒤를 이어 알렉산드리아 도서관을 확장하고 대학을 증설하였습니다. 그리고 짓다가 완성하지 못한 채 둔 바로의 등대를 완성하기도 하였습니다.

그가 이룩한 눈부신 업적 중의 하나는, 그의 시대에 70인역본이 나왔다고 하는 것입니다. 히브리어로 기록된 구약 성경을 헬라어로 번역해 낸 사실입니다. 이것을 가리켜서 70인역본 곧 ('Septuagint, LXX')라고 합니다. 70인역본은 알렉산드리아의 70인 학자들에 의해서 번역되었다고 하여 이를 '알렉산드리아 역본'(Alexandria Version)이라고도 하고 '70인역'(LXX)이라고도 합니다. 최초의 구약 역본입니다. 이 역본은 가치 면에 있어서 대단히 중요한 것임은 말할 수도 없습니다. 특히 그리스 로마 시대에 있어서 헬라어로 번역된 70인역은 기독교 문화를 전세계에 보급시키는 데 절대적으로 기여했다고 볼 수 있습니다.

톨레미 왕조는 계속하여 알렉산드리아를 도읍으로 하고 내려왔습니다. 그러므로 알렉산드리아는 톨레미 왕조 시대 애굽의 수도인 동시에 문화, 산업, 종교, 교육의 중심지이기도 하였습니다.

다니엘 11장을 보면 애굽의 톨레미 왕조에 관한 내용이 예언되어 있는데 다니엘 11장 6절 이하의 기사에 이런 말씀이 있습니다. "몇 해 후에 그들이 서로 맹약하리니 곧 남방 왕의 딸이 북방 왕에게 나아가서 화친하리라 그러나 이 공주의 힘이 쇠하고 그 왕은 서지도 못하며 권세가 없어질 뿐 아니라 이 공주와 그를 데리고 온 자와 그를 낳은 자와 그때에 도와주던 자가 다 버림을 당하리라." 물론 다니엘은 기원전 600년경의 인물이므로 적어도 톨레미 왕조와는 약 400년간의 간격이 있습니다. 그러나 다니엘의 이 예언은 톨레미 2세, 곧 톨레미 필라델푸스와 수리아의 왕 안티오쿠스 2세 사이의 화친을 예언하였을 것으로 보는 것입니다.

역사상 성취 내용은 이러합니다. 톨레미 2세는 그의 딸 베레니스를 수리아의 왕 안티오쿠스 2세에게 주어 그의 아내가 되도록 하였습니다. 그런데 후에 베레니스는 안티오쿠스 2세, 본처인 라오디스로 말미암아 그 아이와 함께 피살되었고 안티오쿠스 2세 자신도 피살되었습니다. 이외에도 톨레미 왕조에 관한 내용이 아주 자세하게 예언되어 있는 것을 다니엘 11장에서 읽어볼 수 있습니다.

톨레미 왕들 가운데에는 왕이 된 지 불과 19일 만에 부하 장군의 칼에 죽임을 당하고 만 사람도 있습니다. 톨레미 1세가 그런 사람입니다. 그리고 톨레미 왕조의 맨 마지막을 장식한 왕은 클레오파트라 7세입니다. 그는 여왕입니다. 클레오파트라 7세는 톨레미 12세의 공주였습니다. 그의 아버지 톨레미 12세는 톨레미 9세의 서자 출신으로서 성질이 고약한 사람이었다고 합니다.

  톨레미 12세가 죽었을 때(기원전 51년) 그에게는 공주 클레오파트라와 나이 어린 아들 하나가 있었습니다. 원칙적으로 그 왕위가 왕자에게 넘어가야 할 것이었는데 공주인 클레오파트라가 왕위를 탐냈습니다. 이리하여 이들 남매 간에 왕좌 다툼이 벌어지게 되었습니다. 이때에 로마의 황제였던 가이사(줄리어스 시저)가 중간에 끼어들어서 잘해 주는 척하면서 클레오파트라 편을 들어 왕관을 그녀의 머리에 씌어 주고, 그의 동생은 톨레미 14세라는 이름을 주어서 실권 없는 자리만 지키게 하여 놓았다고 합니다. 말하자면 허수아비가 된 셈입니다.

  그러다가 그것도 거슬렸던지 기원전 44년에는 그에게 독약을 먹여서 죽게 하였다고 합니다. 참으로 못된 여인입니다. 그런데 이 여인은 얼굴이 미모였고 아름답기로 유명하였습니다. 그 때문에 가이사 황제가 그에게 빠졌는지도 모르겠습니다. 클레오파트라는 가이사 황제와 관계하여 가이사리온이라는 아들을 낳기도 했습니다. 클레오파트라는 비록 여자였지만 정치적 야망이 대단하였고 정치적 수완 역시 놀라울 정도였다고 합니다.

  마사 마트루에 가 보면 클레오파트라 함맘이 있습니다.

2. 바로의 등대

대부분 애굽의 유적들이 그러하지만 바로의 등대 역시 정확한 사항을 파악하기는 쉽지 않습니다. 바로의 등대는 이미 앞서 이야기한 것처럼 톨레미 1세(기원전 303~282년)에 의해서 지어진 것이라고 합니다. 알렉산드리아의 동쪽 입구 쪽 그러니까 바로의 섬 동남쪽에 세워졌다고 합니다. 이 바로의 등대는 세계 7대 불가사의 중의 하나입니다. 세계 불가사의 중의 첫 번째는 기자의 피라미드입니다.

톨레미 1세 때에 등대를 짓기 시작하였으나 당대에 완성하지 못하였고 톨레미 2세 곧 톨레미 필라델푸스 때에 완성되었는데(기원전 279년) 등대의 높이는 153미터였다고 합니다. 그 대부분을 대리석으로 쌓아 올렸습니다. 모두 4층으로 되어 있었는데 제1층은 정방형으로 지었고 그 속에는 수많은 작은 방들로 나누어져 있었다고 합니다. 거기에는 등대지기들의 숙소를 비롯해서 기름 창고 장비들을 넣어두는 창고 등이 1층에 있었고, 맨 꼭대기 층에는 플랫폼이 있어서 사방을 관망할 수 있도록 되어 있었다고 합니다. 그리고 거기 한곳에는 "구원의 하나님에게 뱃사람들을 위하여"라는 문구가 적혀 있었다고 합니다.

그리고 2층은 8각형으로, 3층은 원형으로 되어 있었으며, 지붕은 둥글게 돔 식으로 만들어져 있었고, 등불이 켜져 있었다고 합니다. 맨꼭대기에는 동으로 만든 높이 7미터 크기의 신상이 세워져 있었다고 합니다. 그것이 바다의 신이라는 것입니다. 이 등대는 기원 642년 아랍 정복 이전까지만 해도 그 기능

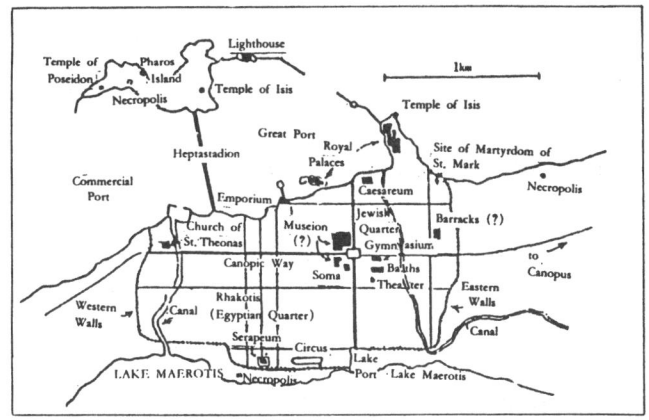

〈지도 5〉 고대 알렉산드리아(기원전 200년~기원후 400년)

을 발휘하였다고 합니다. 그런데 기원 800년경 지진으로 인하여 등대가 무너져버렸다는 것입니다.

 기원후 880년경 이븐느 툴룬이 1차 복구 작업을 했는데, 그렇게 하여 다시 세워진 등대는 11세기에 와서 다시금 수난을 당하여 무너졌다고 합니다. 그러므로 지금은 그 옛날의 거대하였던 등대의 모습은 찾아볼 길이 없습니다.

3. 알렉산드리아 박물관

 애굽에는 모스크도 많고 피라미드도 많지만 박물관도 많습니다. 가는 곳곳마다 박물관을 볼 수 있습니다. 룩소에 가면 룩소 박물관이 있고, 알라메인에 가면 알라메인 박물관, 헬완에

가면 왁스 박물관 등 가는 곳곳 크고 작은 박물관들이 있습니다. 카이로 시내에도 카이로 박물관을 비롯해서 콥틱 박물관, 이슬람 박물관, 농업 박물관 등 수많은 박물관을 볼 수 있는데, 박물관마다 각기 나름대로의 특성이 있습니다.

그리고 박물관마다 그 시대가 분명하게 구분되는 것을 볼 수 있습니다. 예를 들면, 카이로 박물관의 경우, 대개 거기 소장되어 있는 유물이나 소장품들은 고대 애굽 시대의 것들임을 알게 됩니다. 적어도 기원전 2천 년 혹은 훨씬 전부터 시작해서 이 시대를 가리켜 옛왕국시대라고 합니다. 중간왕국시대,

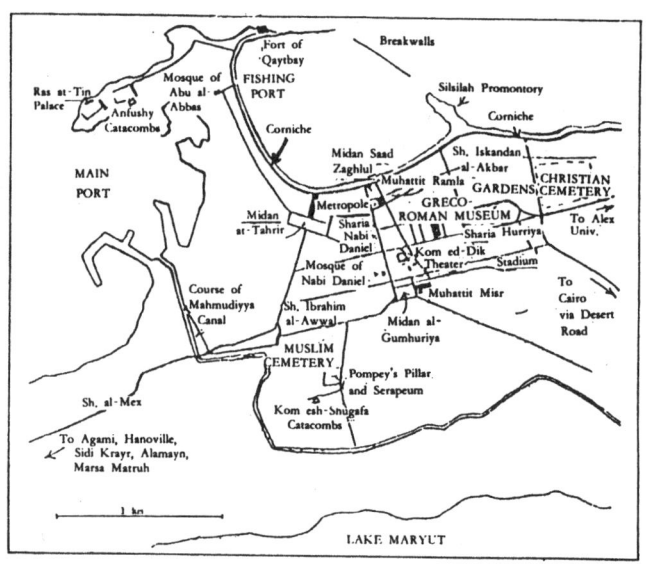

〈지도 6〉 현대 알렉산드리아(도심지 일대)

새왕국시대의 것들로 가득 차 있습니다. 물론 카이로 박물관에도 그리스 로마 시대의 것들이 전혀 없는 것은 아닙니다만

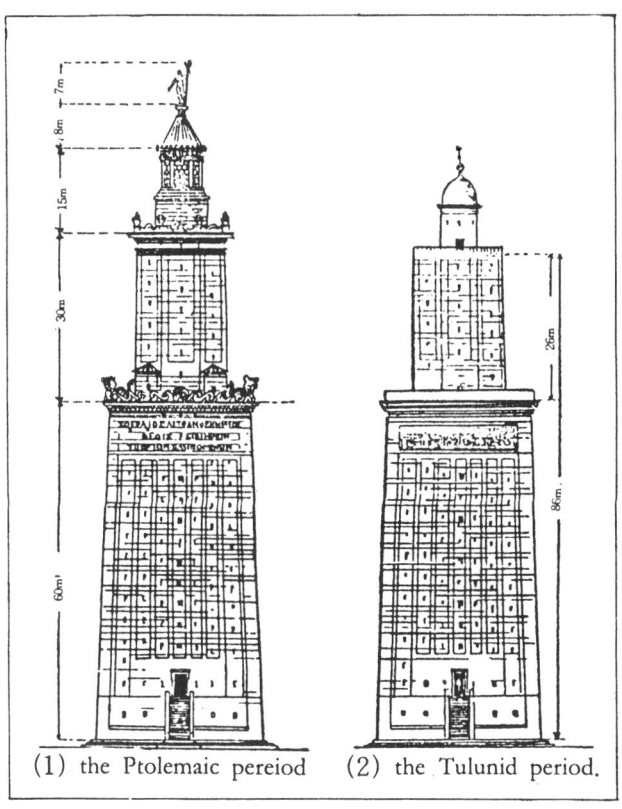

〈그림 11〉 바로의 등대(알렉산드리아)

극소수에 불과합니다.

카이로 박물관의 하이라이트는 아무래도 박물관 2층 북쪽에 있는 투탄크아문 왕의 전시실일 것입니다. 투탄크아문 왕의 연대는 기원전 1370~1352년입니다. 카이로 박물관의 소장품들은 대개가 기원전 10세기, 적어도 그 이전의 고대 애굽 문명의 유물들이라고 보아도 좋을 것입니다.

그렇다고 하면 그 이후 시대의 것들은 어디에서 볼 수 있을까 하는 의문이 생깁니다. 예를 들어 그리스 로마 시대의 고고학적 자료들은 어디에 가서 볼 수 있는가, 콥틱 시대 고고학적 자료들은 어디에 가서 볼 수 있는가, 콥틱 시대(기원 3세기에서 6세기경)의 유적들은 어디에서 구경할 수 있는가 등 말입니다.

콥틱 박물관에 가서 보면 애굽 고대 기독교 문명의 일면을 살펴볼 수 있는 것처럼, 알라메인 군사 박물관에 가서 보면 제2차 세계대전 때 사용하던 무기들이며 군복, 군 장비들을 구경할 수 있는 것처럼, 알렉산드리아 박물관에 가서 보면 애굽에서의 그리스 로마 시대의 갖가지 유물들과 문명의 유산들을 훑어볼 수 있습니다. 애굽에서의 그리스 로마 시대는 대개 기원전 332년에서부터 기원후 641년까지의 기간을 말합니다. 알렉산드리아 박물관의 소장품들이 거의가 다 이 시대의 것들입니다. 그러므로 알렉산드리아 박물관을 정확하게 부를 때에는 그리스 로마 시대의 박물관, 곧 Graeco-Roman Museum이라고 합니다. 이것이 박물관의 정확한 이름입니다. 이 박물관이 건립된 것은 지금으로부터 꼭 115년 전이라고 합니다. 1895년 9월 26일에 개관하였습니다.

알렉산드리아 박물관은 총 23개의 전시실이 있으며 2만 8천여 점의 고고학적인 자료들이 소장되어 있습니다. 굉장한 숫자입니다. 알렉산드리아 박물관의 위치는 알렉산드리아 기차역 바로 근처에 있습니다. 정확한 주소는 Museum Street 5번지입니다. 박물관 내부를 대충 안내하여 드리면 다음과 같습니다.

우선 박물관 입구에서 입장 티켓을 구입하시고, 들어가자마자 왼쪽부터 들어가서 보는 것이 좋습니다. 그것이 순서입니다. 입구에서 왼쪽으로 돌아서 들어가면 거기가 세라피스 전시장입니다. 전시실 6번입니다. 이 방 입구에서 좌우 양쪽 벽을 바라보면 커다란 모자이크를 벽에 부착하여 놓은 것을 볼 수 있습니다. 왼쪽 벽에 있는 것은 가로 세로 크기가 3미터는 더 될 것 같습니다. 그 모자이크에 새겨진 그림은 머리에 보트를 이고 있는 한 여인의 모습입니다. 기원전 2세기 때의 그림이라고 합니다. 그와 비슷한 것이 오른쪽 벽에도 있습니다.

그리고 입구에서부터 정면으로 바라보면 바로 앞에 커다란 황소 신상이 서 있는 것을 구경할 수 있습니다. 이것을 가리켜 소의 신 아피스(Bull-God Apis)라고 합니다. 이 황소 신상은 로마 황제 하드리안에 의해서 만들어진 것이라고 하는데, 그 크기는 실제 황소만큼이나 큽니다. 검은색 화강암에 조각한 황소 신상입니다.

그런데 재미있는 것은 황소의 양 뿔 사이에는 둥근 원반형의 태양이 놓여져 있다는 것입니다. 자고로 애굽 사람들은 태양신과 황소 신을 숭배하여 왔다고 하는 의미이기도 합니다.

그 다음편에는 나무로 조각하여 놓은 세라피스 신상이 있습니다. 하나로 된 통나무에다가 세라피스 신상을 조각하였습니다. 앉아 있는 모습입니다. 그런데 신상의 오른쪽 팔 부분이 떨어져 나가고 없습니다. 이것은 기원 3세기경에 파윰에서 발견한 것이라고 합니다.

이 방에는 다른 여러 개의 세라피스 신상들을 볼 수 있는데 흰 대리석으로 만든 것도 있고 화강암으로 조각한 것들도 있습니다. 그중의 한곳에 가보면 그리스의 철인 소크라테스의 대리석 석상도 구경할 수 있습니다. 흰 대리석에 머리와 가슴 윗부분만 조각한 것입니다. 그 다음 제7번 방으로 들어가 보면 람세스 2세의 커다란 석상 하나가 방 입구 중앙을 차지하고 있고, 그 양 옆에는 스핑크스가 호위하고 있습니다. 람세스 2세는 고대 애굽 제19왕조 때의 왕이었습니다.

그런데 이 석상 왼쪽 옆구리 부분에 보면(뒤쪽) 거기에 한 여자의 모습이 새겨져 있습니다. 자세히 살펴봐야 볼 수가 있습니다. 이 여자가 누군가 싶어 적어 놓은 설명을 읽어보니, 이 여인은 그의 부인이 아니라 공주였다고 합니다. Hut-Ma-Ra 공주라고 합니다.

그 다음에 이 방을 왼쪽으로 들어가서 구석 쪽을 보면 미라가 담겨진 관 세 개를 볼 수 있습니다. 그중에서 왼쪽 것은 톨레미 시대의 것이고, 중앙의 것은 로마 시대, 그리고 오른쪽 미라는 한 로마 군인의 미라일 것이라고 하였는데 얼굴 부분에 그의 얼굴 모습을 그림으로 그려 덮어 놓은 것이 분명하게 알아볼 수 있을 정도로 선명하였습니다. 발가락 있는 부분은 바깥으로 나타나 있는데 발가락 네 개가 노출되어 있는 것이 보입니다.

그 다음 방에서는 악어 미라를 구경할 수 있습니다. 그 시대에는 악어도 신으로 섬겼던 것 같습니다. 길이 3미터 정도 크기의 미라입니다. 그 외에도 여러 크고 작은 미라들이 제9번과 10번 전시실에 가득 채워져 있습니다. 그중에는 아주 갓난 아기의 미라도 있습니다.

그리고 제12번과 13번 전시실에서는 수많은 조각 작품들을 볼 수 있는데 클레오파트라 여왕의 석상도 여기에서 볼 수 있습니다. 흰 대리석에다가 조각한 석상인데 머리에 코브라 왕관을 쓰고 있는 모습입니다. 그런데 그녀의 코의 끝 부분을 누가 파손하여 버렸습니다. 기자의 스핑크스 코 부분이 망가진 것처럼 그 예쁜 코의 끝 부분이 파손되었습니다.

클레오파트라에게 흠뻑 빠졌다는 로마의 시저 황제(가이사)의 조각상도 그 옆방에 있습니다. 그뿐만 아니라 알렉산더 대왕의 조각석상도 있고 톨레미 왕들의 모습에 대한 조각 작품들도 구경할 수 있습니다. 또 나일 강의 신이라고 적어 놓은 조각 작품, 황제들 가운데 기독교인들을 박해하기로 유명했던 하드리안 황제의 대리석 조각 작품(머리 부분)도 볼 수 있습니다. 그리고 예수 그리스도께서 탄생하였을 당시의 로마의 황제였던 아우구스투스 황제의 모습도 조각품으로 볼 수 있습니다.

그리고 제18번 방에는 주로 헬레니즘 시대의 것들로서 수백 수천의 소장품들이 진열되어 있는데, 개중에는 대리석으로 된 것, 알라바스타 돌에다 조각한 것, 유리로 만든 것, 흙으로 만든 것 등 수많은 진열품들로 가득 차 있습니다. 어린이 장난감 같은 것들, 항아리 종류, 그릇 종류, 술병, 등잔, 등대, 악기, 별의별 종류의 수집품들을 진열하여 놓았습니다.

제22번 방에는 은으로 만든 비너스 여신의 나체상을 구경할 수 있습니다. 그리스 신화에 나오는 미의 여신 비너스의 나체 초상입니다. 이 토르소는 기원전 3세기 곧 알렉산더 대왕 때 만들어진 것이라고 합니다.

그리고 제24번 방에는 그 시대에 사용하던 주화들로 가득 차 있습니다. 이른바 Coin Hall입니다. 은으로 만든 것, 크고 작은 것에서부터 동전, 엽전, 금전 등을 각 시대별로 진열하여 놓았습니다. 기원전 7세기의 것부터 6세기, 5세기, 4세기 그리고 로마 시대의 것들, 비잔틴 시대의 것들이며, 이슬람 시대의 것들에 이르기까지 무려 수천 종류의 주화들을 구경할 수 있는 방입니다.

알렉산드리아 박물관 개관 시간은 매일 오전 9시에서 오후 4시까지입니다. 그러나 금요일은 11시 30분에서 1시 사이는 문을 열지 않습니다.

4. 지하무덤

알렉산드리아 지하무덤은 '콤 엘 수파카'(The Catacombs of Kom el Shukafa)라고 부릅니다. 위치는 폼페이의 기둥(Pompey's Pillar) 근처에 있습니다. 무덤 바로 앞을 지나가는 길 이름이 샤리아 알 나스르(Sharia al Nasr)입니다.

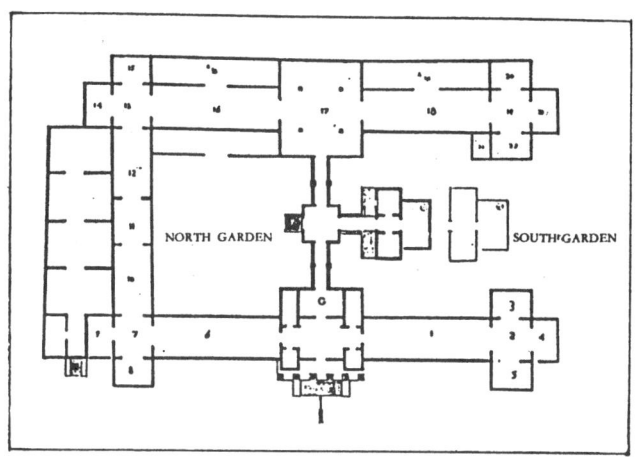

〈그림 12〉 알렉산드리아 박물관
(The Graeco-Roman Museum)

이 지하무덤이 발견된 것은 기원후 1900년이라고 합니다. 어느 한 시민에 의해서 발견이 되었다는 것입니다. 마차를 몰고 그 근처를 지나다가 마차가 푹 빠져 들어가는 바람에 그것이 동기가 되어서 우연히 이곳을 발굴하게 되었다고 합니다. 그 밑을 파내려가 보니 지하에 엄청나게 큰 공동묘지가 있었던 것입니다.

애굽에 지하무덤이 몇 군데 있지만 알렉산드리아에 있는 콤 엘 수카파 카타콤은 특이한 점이 있습니다. 이 카타콤은 일종의 지하 공동묘지입니다. 무덤을 파놓은 지표면의 면적은 가로 세로 약 60-70미터 이상이나 되는 상당히 넓은 지역을 차지하는 곳입니다. 이 무덤은 모두 3층이며 둥글게 되어 있습니다. 여기에서 시체를 달아 내리도록 되어 있는 것입니다.

그러면 그 다음 부분에서 시체를 받아 가지고 계단을 따라 내려갑니다. 지하에는 제법 큰 홀도 있습니다. 장례하러 온 자들이 모일 수 있는 방입니다. 나무로 된 탁자와 의자 등이 마련되어 있습니다. 그리고 계속 계단을 내려가면 그 다음 층에 이르게 되는데, 이곳이 무덤의 주요 부분입니다.

이 지하무덤 2층과 3층에는 수많은 시체실이 양쪽으로 줄을 지어 늘어서 있습니다. 미라를 넣은 관을 넣어 두었던 빈자리가 자그마치 300군데가 넘는다고 합니다. 좁은 통로를 사이에 두고 양쪽으로 두 줄씩 또 1층, 2층으로 수를 헤아릴 수 없이 늘어서 있습니다. 그러나 지금은 모두가 다 비어 있습니다. 빈 무덤입니다.

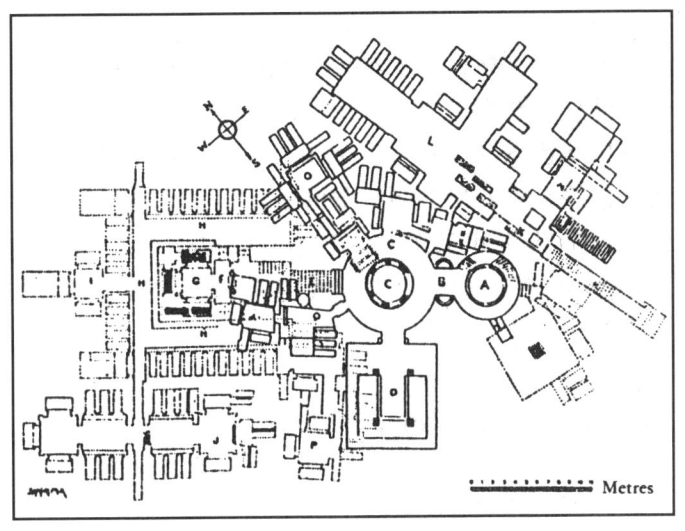

〈그림 13〉 알렉산드리아 지하무덤(콤 엘 수카파)

와디 나투룬의 성 마카리우스 수도원

1. 애굽 정교회(The Coptic Orthodox Church)

애굽에 기독교가 전래된 것은 기원 1세기 중엽이었다고 봅니다. 메이나르더스(Otto Meinardus)가 쓴 《*Christian Egypt Ancient and Modern*》이라는 책자에 보면 애굽의 기독교는 마가 요한의 선교로부터 시작된 것이라고 하였습니다. 마타 엘-메스킨(Matta el-Meskeen)의 《*Coptic Monasticism and the Monastery of St. Macarius*》에서도 마가 요한을 가리켜 애굽에 내려온 최초의 선교사(First Missionary to Egypt)라고 하였습니다. 그러나 정확하게 말한다면 마가 요한이 애굽에 내려오기 전에 이미 애굽에는 복음이 들어와 있었고 복음을 받은 기독교인이 있었습니다.

사도행전 18장 24절 이하를 읽어보면 "알렉산드리아에서 난 아볼로라 하는 유대인이 에베소에 이르니 이 사람은 학문이 많고 성경에 능한 자라 그가 일찍 주의 도를 배워 열심히 예수에 관한 것을 자세히 말하며 가르치나"라고 하였습니다. 마타의 책에는 마가가 애굽에 처음 내려온 것을 기원 43년이라고 했고 이미 그때 알렉산드리아에는 교회가 있었다고 하였습니다.

우리가 아는 바대로 알렉산드리아는 기원전 332년에 건설된 도시로서 그후 줄곧 수많은 헬라인들과 유대인들이 그곳으로 내려와 정착하였습니다. 그리하여 알렉산드리아는 당시 로마제국 제2의 도시요 상업의 중심지로 크게 번창하여 약 50만의 인구를 가지고 있었습니다. 많은 유대인이 살고 있었으며, 필로(Philo)에 의하면 전 애굽에 살고 있는 유대인의 총수는 100만이나 된다고 하였습니다(한철하,《고대 기독교 사상》, p.58).

그리고 누가복음 1장 3절과 사도행전 1장 1절에 나오는 데오빌로는 마가가 애굽에 내려왔을 당시 알렉산드리아 총독이었다고 합니다. 물론 그는 기독교로 개종했습니다. 마가는 예수님의 열두 제자 중의 한 사람은 아니지만 예수님의 70인 전도 대원 중의 한 사람이었던 것만은 사실인 것 같습니다. 그는 바나바의 생질이며 바울과 베드로 사도들을 따라서 선교 여행도 다녔던 열심 있는 청년이었습니다. 그가 사도 베드로를 따라 로마에 가 있던 중 꿈에 천사의 지시를 받고 애굽으로 내려오게 되었다고 하는데, 그때 베드로 역시 함께 애굽으로 내려와서 알렉산드리아를 거쳐 바벨론(Old Cairo)까지 와서 거하였다고 합니다. 오늘의 구 카이로를 옛날에는 바벨론(Babylon)이라고 불렀는데, 그 당시 그곳에는 많은 유대인들이 공동체를 이루고 살았습니다.

지금까지 우리는 베드로 사도가 애굽에 내려와서 복음을 전하고, 이곳에 있으면서 그의 첫 번째 서신인 베드로전서를 기록하였다는 사실에 대하여서는 별로 주의하여 본 적이 없습니다. 그러나 역사가 제롬(Jerome)은 그것이 사실이라고 주장하면서 그 근거로 베드로전서 5장 13절을 제시합니다. 거기 나오는 바벨론은 애굽의 바벨론(Old Cairo)이요, 그 당시 마가도 그와 함께 있었던 것이 분명하다고 하였습니다.

마가는 알렉산드리아를 중심으로 해서 그리스도의 복음을 증거하였으며, 그는 그곳에서 최초의 알렉산드리아 감독(the Patriarch of Alexandria)이 되었다고 합니다. 현재의 알렉산드리아의 교황(the Pope of Alexandria)은 안바시누다 3세로서 제117대 콥틱교회 교황입니다. 마가는 애굽에 복음을 전한 선교사였을 뿐 아니라 알렉산드리아 신학교를 세우는 일에도 기초하였던 사람이었습니다.

알렉산드리아 신학교(the Catechetical School)는 고대 기독교 역사상 매우 중요한 위치를 차지하는 신학 교육기관이었습니다. 이 학교를 통해서 초대 기독교회사에서 이름을 떨치는 많은 인물들을 배출하였습니다. 그 대표되는 사람으로 판타누스(Pantaenus), 클레멘트(Clement of Alexandria), 오리겐(Origen), 데오그노스투스(Thegnostus) 등을 꼽을 수 있습니다. 그리고 기원 4세기에 있어서 애굽 기독교 정통신학을 대표하는 아다나시우스나 5세기의 시릴 역시 모두가 다 알렉산드리아 신학을 대표하는 유명한 학자들입니다. 그 가운데 시릴의 경우, 그는 필로의 생질이며 성 마카리우스 수도원 출신으로서 성 마카리우스의 수제자였다고 합니다.

기원 6세기 비잔틴 제국의 대 기독교 박해 이전까지는 알렉산드리아 신학교는 규모 면에서나 학문적 수준에서 굉장하였다고 합니다. 그러나 기원 6세기경부터 비잔틴 제국의 기독교 박해로 알렉산드리아 신학교는 쇠퇴하였습니다. 그때의 수많은 학생들과 선생들이 알렉산드리아를 떠나게 되었는데, 그 중에 많은 사람들이 이곳 와디 나투룬의 성 마카리우스 수도원으로 몰려들었다고 합니다. 이리하여 이 수도원이 알렉산드리아 신학교의 후신처럼 되었다는 것입니다. 그 당시 이 수도원에는 수도사들의 수가 3,500명에 이르렀다고 합니다(Matta el-Meskeen, p.32). 그때가 아마 이 수도원의 최고 전성기였던 것 같습니다.

2. 와디 나투룬

카이로에서 알렉산드리아로 가다 보면 거의 중간 지점(카이로에서 약 90킬로미터)에 휴게소가 있습니다. 휴게소가 있는 데서 왼쪽으로 꺾어 한참 들어가면 그곳이 와디 나투룬입니다.

와디 나투룬은 사막 가운데 있는 일종의 오아시스입니다. 오아시스이기도 하지만 그 이름 자체가 의미하는 것처럼 일종의 계곡이기도 합니다. 와디 나투룬은 그 일대에서 콥틱 수도원이 많이 있기로 유명한 곳입니다.

예수님의 성 가족이 이곳 애굽으로 떠나 오셨을 때 제일 먼저 들르셔서 축복하였던 곳이라고 합니다. 그리고 기원 4세기 초 기독교 박해 시에는 많은 기독교 신도들이 이곳으로 와서 피신하였던 곳이기도 합니다. 여하간 지금 이곳에는 바라무스 수도원을 비롯해서 성 마카리우스 수도원, 성 비쇼이 수도원 그리고 시리안 수도원 등 모두 네 개의 오래된 수도원들이 위치하고 있고, 콥틱 수도승들이 수도하고 있는 곳입니다. 한때 수백 명의 수도승들이 수도하던 때도 있었다고 합니다.

3. 성 마카리우스 수도원

성 마카리우스는 기원 300년 어느 시골 촌장의 아들로 태어났습니다. 어릴 때부터 지혜와 총명이 뛰어났으며 일찍부터 수도승의 길을 택하였던 성별된 사람이었다고 합니다. 그가 이곳에 수도원을 세운 것은 기원 360년이었다고 합니다. 그때 그의 나이 60세였습니다. 그는 죽는 날까지 30년 동안 이곳에서 수도하며 많은 제자들을 길러낸 콥틱교회의 성자 중의 한 사람입니다. 마카리우스가 세상을 떠난 후 그의 유해는 이곳 수도원에 안치하였습니다.

성 마카리우스 수도원은 이곳 와디 나투룬에 있는 네 개의 수도원 중 제일 남쪽 지역에 위치하고 있으며, 그 외의 수도원으로는 바라무스 수도원과 비쇼이 수도원 그리고 시리안 수도원이 있습니다. 이들 네 수도원 중에서 제일 먼저 세워진 수도원은 바라무스 수도원입니다. 기원 340년에 세워진 수도원인데, 이 수도원을 세운 자도 역시 성 마카리우스입니다. 성 마카리우스가 수도원을 두 군데 세운 셈입니다.

역대 애굽 정교회의 교황들을 배출한 곳이 수도원이라고 볼 수 있는데, 그중에서도 이 마카리우스 수도원에서 가장 많은 교황이 나왔습니다. 현재까지 117대 교황 가운데에서 39명의 교황이 이 수도원에서 나왔다는 것입니다. 이 수도원에는 외부에서 온 손님들이 머물 수 있는 시설도 갖추고 있습니다.

(1) 성 마카리우스 예배당

성 마카리우스 수도원에는 여러 개의 기념 예배당이 있습니다. 그중에서 가장 대표적인 것이 성 마카리우스 예배당입니다. 이 예배당을 세례요한 예배당이라고도 부릅니다. 성 마카리우스 예배당은 수도원 입구에 들어서서 왼쪽에 위치하고 있습니다. 수도원을 표시하는 높은 종탑이 이 예배당 위에 서 있습니다. 이 예배당 내부에는 성 마카리우스의 유해가 안치되어 있는데, 예배당에 들어가면 제단 있는 쪽을 향하여 왼쪽 벽쪽에 성에 안치되어 있습니다. 그리고 그 안쪽에 들어가면 세례 요한의 유해와 선지자 엘리사의 유해가 함께 안치되어 있습니다. 이들의 유해는 바로 왼쪽 지하굴(cave)에서 발견하였다고 합니다.

세례 요한의 유해는 교황 아다나시우스 20세 때에 팔레스타인 지방에서 알렉산드리아로 이장하였는데, 그후 기독교 박해 시에 다시 이곳으로 옮겨 왔다고 합니다(Matta el-Meskeen, p.52). 성 마가의 유해도 한때 이곳에 안치되어 있었으나 지금은 다시 알렉산드리아로 옮겨 갔다고 합니다. 그 사람의 신앙과 인격이 중요한 것이지 그의 유해가 그렇게 중요한 것은 아니지만, 그처럼 훌륭한 믿음의 조상들이기에 유해 역시 소중히 여김을 받는 것도 사실일 줄로 압니다.

(2) 49순교자 교회

49순교자 교회는 성 마카리우스 예배당 바로 맞은편에 있습니다. 그리 크지 아니한 작은 예배당입니다. 이 예배당 안에 들어가면 기독교의 신앙을 위하여 목숨을 바친 마흔아홉 분의 순교자들의 뼈가 한곳에 묻혀 있는 무덤이 있습니다. 그 위에 십자가가 꽂혀 있습니다. 그리고 그 무덤을 기념하여 그 위에 예배당을 지어 놓았습니다. 누구든지 이 예배당 안에 들어가면 마음이 숙연해지고 옷깃을 여미게 됩니다. 신앙을 위하여 목숨을 바치다! 너무나 귀한 분들입니다.

(3) 성 마카리우스 도서관

이 수도원에서 또 빼놓지 못할 한 곳은 성 마카리우스 수도원 도서관입니다. 성 마카리우스 예배당 뒤쪽 종탑 바로 옆에 있습니다. 이 도서관에는 현재 500권의 성경 사본을 소장하고 있습니다. 옛날 알렉산드리아 도서관 – 지금은 알렉산드리아 도서관이 흔적조차 없습니다 – 에서 소장하고 있던 수많은 성경 사본들과 진귀한 자료들이 거의 모두 이곳 성 마카리우스 수도원으로 옮겨져 보관되고 있습니다. 알렉산드리아 도서관은 약 6천 권의 성경 사본들과 장서들을 소장했다고 합니다. 그러나 대부분이 영국이나 프랑스로 나가버리고 지금 성 마카리우스 도서관에는 겨우 500권에 달하는 콥틱어 사본, 헬라어 사본 그리고 아랍어 사본들을 구경할 수가 있습니다. 도서관 건물 바깥에는 옛날 4세기, 5세기 때의 수도원 건물의 대리석 원추기둥들과 기둥머리, 질그릇, 물 항아리들을 진열하여 놓은 것을 볼 수가 있습니다.

그리고 메이나더스(Otto Meinardus)의 《애굽에 내려오신 성가족》(*Holy Family in Egypt*)에 의하면 예수님께서 헤롯을 피하여 애굽으로 내려오실 때 가자 지역에서 지중해변을 따라 펠라지움 – 이는 성경 지명으로는 다바네스입니다 – 을 거쳐 애굽 땅에 들어오셨고, 숙곳과 비돔 있는 지역을 통과하시어 델타 지역의 자가지그 – 이곳은 구약성경 에스겔 30장 17절에 나오는 비베셋으로서 애굽의 바로 시삭(제22왕조)에 의하여 건설된 도시였습니다. 여로보암이 솔로몬에게 반역을 꾀하다가 그에게 쫓겨 애굽으로 도망하여 이곳에 망명한 적이 있습니다 – 를 지나 한참 동안 북쪽으로 올라가시어 지금의 만수라 있는 데에서 왼쪽으로 꺾어 오다가 다시 내려오면서 들르신 곳이 와디 나투룬이었다고 기록하고 있습니다. 물론 2천 년 전 당시에는 오늘처럼 수도원이 있었을 리 없겠지만 오아시스 지역인 것만은 틀림이 없다 하겠습니다.

현재 이 수도원에는 모두 100여 명의 콥틱 수도사(Monks)들과 10명의 수련 수도사(Novices)들이 수도하고 있다고 합니다.

성 안토니 수도원

1. 첫 순례자 성 안토니

기독교의 역사는 믿음으로 집을 떠나 거룩한 생활을 한 순례자의 생활로 연결되어 있습니다. 성 안토니는 기원후 251년에 지금의 베니수에프의 한 부유한 가정에서 태어난 사람입니다. 열여덟 살 때에 그의 부모가 세상을 떠났는데, 그는 부모로부터 많은 재산을 물려받았습니다. 그런데 어느 날 성경을 읽는 중 마태복음 19장을 읽게 되었다고 합니다.

"예수께서 이르시되 네가 온전하고자 할진대 가서 네 소유를 팔아 가난한 자들에게 주라 그리하면 하늘에서 보화가 네게 있으리라 그리고 와서 나를 따르라 하시니 그 청년이 재물이 많으므로 이 말씀을 듣고 근심하며 가니라"(마 19:21-22).

이 기사를 읽고 이 성경 말씀이 꼭 자기에게 하는 듯 생각이 되었다고 합니다. 그래서 성경의 청년은 얼굴을 붉히고 돌아갔으나 그는 성경 말씀처럼 주님이 명하신 대로 살리라 결심하고, 자기의 재산을 아직 결혼하지 아니한 누이에게 나누어 준 다음 나머지는 다 팔아서 가난한 사람들에게 나누어주고 광야에서 유리하며 성경 읽기와 기도에만 힘을 쓰는 순례자의 생활을 보냈다고 합니다. 그러다가 61세 되던 312년에 지금의 안토니 수도원이 위치한 곳 뒤쪽 산에 와서 우연히 그곳에서 자연 동굴(cave)을 발견하고 그곳에서 머물면서 수도생활을 시작하였다고 합니다(Dioscoros, *Coptic Orthodox Monastery of St. Antony the Great,* Amba Reuis Press, p.1)

그 산을 코르즘 산(Mt. Kolzoum)이라고 부릅니다. 그 산 아래 곧 지금의 수도원에는 천연 샘물(water spring)이 있는데, 성 안토니는 수도하다가 목이 마르면 산 아래로 내려와서 물을 마시고 그 근처에서 대추야자 열매를 따서 먹으며 수도사 생활에 전념하였다고 합니다. 성 안토니는 기원 3세기에서 4세기 초기 기독교 역사에 빛나는 인물입니다. 그가 길러낸 제자들 가운데에는 성 아다나시우스(St. Athanasius)를 비롯하여 성 마카리우스 그리고 시릴 성 아마타스 등이 있습니다.

성 안토니는 한때 알렉산드리아를 방문해서 박해 중에 있는 기독교인들을 위로하기도 하고 아다나시우스를 지원하기도 하였습니다. 성 안토니는 기원 356년에 105세를 일기로 세상을 떠났으며 그의 유해는 지금 성 안토니 수도원에 안치되어 있습니다.

2. 성 안토니 수도원(The Coptic Monastery of St. Antony)

성 안토니 수도원을 방문했을 때에 안내자인 디오스코로스 엘 안토니(Fr. Dioscoros el Antony) 신부가 필자에게 물었습니다. 당신은 애굽의 수도원을 어디어디 방문하여 보았느냐고 하였습니다. 그래서 애굽의 수도원 중 유명한 곳은 거의 다 가보았노라고 대답하였습니다. 성 캐더린 수도원을 비롯하여 와디 나투룬에 있는 성 바라무스 수도원, 시리안 수도원, 비쇼이 수도원, 성 마카리우스 수도원도 가 보았고 성 바라무스 수도원과 성 마카리우스 수도원에서는 며칠씩 머물면서 기도한 적도 있다고 했습니다. 그는 그러냐고 반겨하면서 이곳에도 손님들을 위한 숙소가 마련되어 있으니 언제든지 환영하노라고 하였습니다. 대개 다른 곳은 남자들만 허용되는데 안토니 수도원은 남녀 구분 없이 다 수용한다고 하였습니다. 그리고 알무하락 수도원(아슈트)에도 가보았고 소하그에 있는 성시 누트 수도원까지 가 보았노라고 하면서 그의 친절한 안내를 받은 적이 있습니다.

성 안토니 수도원은 애굽의 동부 사막에 위치한 수도원 중 하나입니다. 거리상으로 보면 카이로에서 약 289킬로미터 떨어져 있습니다. 수에즈로 해서 갈 경우 그렇습니다. 그러나 최근에 새로 난 지름길로 해서 아인 소흐나(Ain Sukhna)를 거쳐서 갈 경우 250킬로미터 정도입니다. New Maadi로 해서 새로 난 길로 가면 훨씬 빨리 갈 수가 있습니다.

아인 소흐나에서 약 60킬로미터 내려가면 라스자파라나 마을이 나옵니다. 거기 보면 Beni Suef로 가는 길이라고 표시가 되어 있습니다. 라스자파라나에서 약 30킬로미터쯤 들어가다 보면 성 안토니 수도원 입구라는 간판이 붙어 있고, 거기에서 왼쪽으로 꺾어서 앞쪽을 바라보면 멀리 산 밑에 있는 수도원이 희미하게 눈에 들어옵니다.

카이로에서 마구 달려가면 3시간 이내에 갈 수 있을 것입니다. 그렇지 아니해도 3시간 반이면 갈 수가 있는 거리입니다. 아인 소흐나에서 라스자파라나까지 차를 타고 가면서 길 양쪽을 내다보면 왼쪽은 맑은 홍해, 그리고 오른쪽은 돌산 아니면 모래사막의 연속입니다. 너무나 대조적입니다. 한쪽에는 홍해의 맑은 바다가 끝없이 펼쳐져 있지만 그 길 오른쪽에는 1년 내내 거의 비가 내리지 아니해서 나무 한 그루, 풀 한 포기 보기 힘든, 모래로 덮여 있는 발가벗겨진 돌산 아니면 황막한 모래벌판이 끝없이 펼쳐져 있습니다.

성 안토니 수도원은 전세계 수도원들 중에서 가장 오래된 수도원이라고 합니다. 수도원 주변에는 높이 10미터에 이르는 높은 흙돌담 벽으로 싸여 있고 그 안에 수도원이 있습니다. 이 수도원 내에는 성 안토니 예배당을 비롯하여 사도들의 예배당, 성 마가 예배당, 성 마리아 예배당 등 모두 일곱 개의 예배당이 있습니다. 그중에서 가장 오래되고 대표적인 것은 성 안토니 예배당과 사도들의 예배당 그리고 성 마가 예배당이라고 합니다.

성 안토니 예배당은 면적이 좁고 창문도 하나밖에 없어서 이 방은 겨울철 예배 장소로 사용되고 있습니다. 그리고 바로 옆에 있는 사도들의 예배당은 예배당 면적도 넓고 창문도 많습니다. 그래서 이 예배당은 여름철 예배 장소로 사용한다고 했습니다. 이 예배당에서 지금으로부터 약 170년 전 이곳 수도원장으로 헌신했던 요셉 주교(Bishop Joseph)의 유해가 유리관 속에 안치되어 있는 것을 볼 수 있습니다. 그가 1826년 1월 24일에 하나님의 부르심을 받아 천국에 갔다고 하는데, 그의 유해는 마치 금방 세상을 떠난 사람처럼 조금도 부식하지 아니한 채 입관되어 있습니다.

6. 성 안토니 수도원

지금 이 수도원에는 콥틱 수도사(Monks)가 25명 그리고 수련 수도사(Novices)가 20명 수도하고 있다고 합니다. 수도사들은 매일 새벽 4시만 되면 기상하여 이곳 성 안토니 예배당(여름에는 사도들의 예배당)에 모여서 두 시간 동안을 예배하고 기도한다고 합니다. 그 말을 듣는 순간 우리의 예배 생활과 기도 생활을 돌아보게 되고 아울러 부끄러움마저 들었습니다. 물론 우리가 저들과 같은 수도사들이 아니라고 할지라도, 한때 수도원 운동이 전성기에 이르렀을 때 이 일대에는 수천 개의 기도처와 수백 명의 수도사들이 수도하였다고 합니다.

그런데 한 가지 신기한 것은 이 같은 광야, 나무 한 그루 구경할 수 없는 돌산 밑에 사시사철 끊임없이 흘러나오는 샘물이 있다는 것입니다. 지금까지 1700년을, 물론 그 이전부터이겠지만, 한결같이 솟아나고 있다고 하니 신기하지 않을 수가 없었습니다. 이 우물 때문에 이곳에는 정원도 있고 대추야자 숲도 우거져 있습니다. 그리고 수많은 생명들이 그 물에 목을 축이고 생명을 유지하고 있습니다.

이 수도원의 성 안토니 예배당에는 성 안토니 유해가 안장되어 있고 예배당 벽에는 성 안토니의 초상화를 비롯해 선지자 예레미야, 이사야, 모세, 다윗 등의 초상화가 그려져 있습니다. 천사 미가엘과 가브리엘의 모습도 그려져 있습니다. 그러나 이 예배당은 기원 15세기 말 이 수도원에서 일하던 베두윈들에 의해서 예배당 벽과 천장이 온통 시커멓게 그을려버렸다고 합니다. 그들이 이 수도원을 습격하여 수많은 수도사들을 몰살을 하고 수도원을 점령하여 이 예배당을 부엌으로 사용하였기 때문에 이처럼 온 예배당이 시커멓게 그을렸다는 것입니다(Otto Meinardus, *Christian Egypt Ancient and Modern*, 1977, p.494).

그런 일로 인해서 당시 이 수도원이 소장하고 있던 귀한 자료들, 특별히 진귀한 성경 사본들이 모두 유실되고 없어져버렸다고 합니다. 지금 이 수도원의 도서관에는 그래도 그런 대로 꽤 많은 고서들을 소장하고 있기는 하지만 가장 오래된 것이 주후 12세기 때의 것이라고 합니다. 그것도 단 한 권, 나머지는 대개 기원 15세기, 16세기 혹은 그 이후의 것들로서 콥틱어와 아랍어로 기록된 것들이었습니다.

3. 성 안토니 기도굴(The Cave of St. Antony)

수도원은 기도처요, 우리나라의 실정에 비하면 기도원에 해당한다고 할 수 있을 것입니다. 그러나 수도원은 기도원의 역할만은 아닌 것 같습니다. 이곳은 전도자들 그리고 선교사들을 훈련하고 키워내는 훈련장이요, 또한 학교라고 할 수도 있습니다. 실제로 수많은 수도원들이 그와 같은 기능을 하였습니다.

앞에서 이야기한 것처럼 성 안토니가 수도사의 생활을 이곳 코르즘 산에서 죽는 날까지 하였다고 합니다(기원후 312~356년). 그가 매일 기도하고 성경을 읽고 생활하던 동굴이 산 중턱에 위치하고 있습니다. 천연적으로 생겨난 동굴입니다. 동굴의 모양은 앞에서 보면 들어가는 입구가 있고, 입구에서 조금 더 들어가면 꽤 넓은 공간(terrace)이 있고 그 다음에는 긴 통로가 있습니다. 그리고 그 안에 기도 굴이 있습니다. 타원형으로 생긴 꽤 넓은 크기의 동굴 방입니다. 이 굴은 안토니 수도원에서 약 300미터 높이의 산에 있습니다. 그러나 상당히 가파른 산이기 때문에 등산하기에 그리 쉽지는 않습니다. 물론 올라가는 길도 나 있고 가파른 곳에는 올라가는 사다리도 준비되어 있습니다.

메이나르더스(Otto Meinardus) 책에 의하면 데베의 바울(St. Paul of Thebe)은 기원 228년 알렉산드리아에서 출생한 애굽의 성자입니다. 그가 젊은 날에 아름다운 여인을 얻었습니다. 그러나 그 여인이 남편을 버리고 달아나버렸다고 합니다. 그 후 바울은 이곳 안토니가 수도하고 있는 코르즘 산으로 찾아와서 함께 있게 해 달라고 하였다는 것입니다. 그때 그의 나이 80세였다고 합니다.

안토니는 그를 강권하여 집으로 돌아가라고 하였으나 끝내 듣지 아니하고 종내에는 나흘씩이나 금식으로 기도하면서 함께 있겠다고 요청하여 하는 수 없이 그를 받아 주고, 바울은 안토니의 기도굴 바로 근처에 굴을 파고 수도생활을 하였다고 합니다. 그후 그는 치유의 은사와 귀신을 내쫓는 은사를 받기도 하여 그의 스승보다 더욱 널리 알려지기도 하였다는 것입니다.

성 안토니 수도원 내의 일곱 군데 예배당 가운데 성 안토니와 성 바울 예배당(Church of St. Antony and St. Paul)도 있습니다. 이 예배당은 약 100년 전에 새로 지은 예배당이라고 합니다.

기도는 아무곳에서나 할 수 있습니다. 그러나 기도하기에

적합한 특별한 기도처도 있는 것입니다. 안토니의 기도굴은 바로 그런 곳이라고 하겠습니다. 물론 이 굴은 그에게는 기도처일 뿐 아니라 수련의 도장이요, 생활의 터전이기도 하였습니다.

하르가 오아시스와
엘 무하라 수도원

1. 애굽의 성자 아다나시우스

애굽의 기독교를 대표하는 종파는 애굽 정교회입니다. 흔히 콥틱교회라고 부릅니다. 애굽 정교회는 그 역사가 2천 년에 이릅니다. 기원 64년부터 시작이 된 교회입니다. 마가 요한이 애굽에 내려와서 전도하고 복음의 씨를 뿌려서 시작된 교회가 애굽 정교회입니다.

마가가 제일 처음 전도하여 예수를 영접한 사람이 구두수선공 아니아누스입니다. 아니아누스는 그 후 마가의 뒤를 이어 콥틱교회의 제2대 교황이 되었습니다. 애굽의 기독교회사를 살펴보면 초대 교회사에서 유명한 인물들이 애굽에서 많이 배출되었음을 알 수 있습니다. 그 중에서 대표적인 사람이 오리겐입니다. 오리겐은 주후 2세기 때의 인물로서 알렉산드리아 학파의 거성이었습니다. 세계 최초의 수도원 운동을 일으킨 성 안토니도 빼놓을 수 없는 성자 중의 한 사람입니다. 안토니의 제자들이 여러 사람이 됩니다. 성 마카리우스, 판타너스 시릴 그리고 아다나시우스 등을 들 수 있습니다.

아다나시우스는 기독교 집안에서 태어나 원래 신학자는 아니었지만 그의 저술은 매우 신학적이었습니다. 매우 건전하고 전통적인 신학을 주장한 사람입니다. 삼위일체론에 있어서 아다나시우스의 기독론은 매우 성경적입니다. 당시 알렉산드리아 학자들 중에는 아다나시우스를 반대하는 사람도 적지 아니했습니다. 그 대표적인 인물이 아리우스입니다. 아리우스는 성부가 유일한 신성을 가지고 있으며, 성자는 성부의 피조물이라고 보았습니다. 아다나시우스는 성부와 성자를 동질이라고 주장했고 아리우스는 성자를 성부의 종속으로 보았습니다. 천사들보다는 높지만 성부 하나님보다는 낮다는 것이 그의 지론이었습니다. 아다나시우스는 그의 저서 《이교도 논박과 성육신론》을 통하여 아리우스의 주장을 반박했습니다. 아다나시우스는 콥틱교회의 제20대 교황이기도 합니다. 기원 328년에 교황직에 올랐습니다. 그는 한때 교황직에서 밀려나기도 했습니다. 아다나시우스는 말년에 사막의 오아시스 지역을 찾아다니며 수도생활과 저술 활동에 전념하였다고 합니다.

아다나시우스가 내려와서 머물렀다고 하는 오아시스가 하르가 오아시스입니다. 하르가 오아시스 지역을 탐방하여 보면 기원 2세기에서 7세기까지 애굽의 기독교의 흔적을 살펴볼 수가 있습니다. 하르가 오아시스에 있는 알 바가와트 무덤 지역은 기독교 유적지입니다. 총 263개의 크고 작은 무덤집들이 흩어져 있습니다. 공동묘역 교회당 그리고 흙벽돌로 지은 주거지들이 남아 있습니다. 1700년이 넘도록 그대로 보존되어 있습니다.

2. 엘 무하락 수도원과 하르가 오아시스

애굽의 서부 사막에는 대충 여섯 군데의 오아시스 지역이 있습니다. 카이로에서 가장 가까운 곳에 있는 오아시스 지역은 파윰입니다. 카이로에서 약 90킬로미터 떨어진 곳에 있습니다. 파윰에는 넓은 호수가 있고, 파윰 일대에는 피라미드도 있습니다. 그리고 두 번째로 가까운 곳에 위치한 오아시스는 바하레야 오아시스입니다. 카이로에서 약 345킬로미터 지점에 있습니다. 6th of October 신도시를 오른쪽으로 끼고 약 3시간쯤 내려가면 이르게 됩니다. 애굽 서쪽 리비아 가까운 곳에 있는 오아시스가 시와 오아시스입니다. 마사 마트루에서 약 300킬로미터 지점에 있습니다. 시와 오아시스 지역에도 호수가 있고 유적지도 있습니다. 알렉산더 대왕과 클레오파트라가 다녀간 흔적도 살펴볼 수 있습니다. 관광객들이 많이 찾아가는 관광명소입니다.

그리고 남쪽으로 내려오면 파라플라 오아시스가 있습니다. 카이로에서 약 512킬로미터 지점에 있습니다. 아슈트로 해서 갈 경우 카이로에서 1200킬로미터 지점입니다. 아슈트까지 400킬로미터, 아슈트에서 750킬로미터입니다. 파라플라 아래에 있는 오아시스가 다흘라입니다. 다흘라 오아시스는 파라플라에서 200킬로미터 정도입니다. 아름다운 호수가 있고 유황 온천도 있는 오아시스 지역입니다. 바로의 신전터도 있습니다. 하르가 오아시스는 그 지역주민이 3만 명에 이른다고 합니다. 아주 넓은 지역입니다. 거기에는 경찰서, 우체국, 호텔, 중고등학교, 박물관, 콥틱교회도 있습니다.

알 바가와트 무덤 지역은 입장료를 내고 들어가는 유적지입니다. 주후 2~3세기 때 기독교인들의 예배처소(채플)가 263개나 됩니다. 엘 무하락 수도원은 아슈트 북쪽 60킬로미터 지점에 있는 수도원입니다. 엘 무하락 수도원은 헤롯을 피하여 애굽으로 피난 온 성 가족이 그곳까지 내려와서 수년 동안 피신하여 있었던 곳입니다. 헤롯이 죽기까지 그곳에 머물렀다고 합니다. 메이나르더스(Otto Meinardus)가 쓴 《애굽에 내려오신 성 가족》이라는 책에 보면 자세한 정보를 얻을 수가 있습니다.

3. 예수님의 제자 바돌로매

필자가 학교 생활을 할 때 수차 경험한 일 가운데 이런 것이 있습니다. 학년 초에 학급을 배당 받아서 학생들의 이름을 부르다가 보면 동명이인이 더러 있곤 합니다. 김정자란 이름을 가진 학생이 둘, 이옥희도 둘, 그런 경우가 왕왕 있었습니다. 그럴 때에는 그들을 구분 짓기 위해서 김정자A, 김정자B 이런 식으로 구분하여 부르곤 하였습니다. 편의상 그렇게 한 것입니다.

성경에도 보면 그런 예가 없지 아니합니다. 시몬이란 이름을 가진 사람이 성경에는 상당히 많습니다. 예수님의 열두 제자들 가운데도 시몬이 둘이나 됩니다. 야고보도 둘입니다. 그들을 구분하기 위하여 세베대의 아들 야고보, 알패오의 아들 야고보로 불렀습니다. 예수님의 제자들 가운데 바돌로매가 있습니다. 바돌로매는 성경에 많이 나오는 흔한 이름이 아닙니다. 바돌로매는 요한복음 1장에 나오는 나다나엘과 동일인이라고 합니다. 빌립의 친구요 그의 전도를 받고 예수님을 알게 되고 제자가 된 사람입니다. 빌립이 나다나엘에게 전도했을 때 처음에는 듣지를 아니했습니다. 나사렛에서 무슨 선지자가 날 수 있느냐고 핀잔을 주기까지 한 사람입니다. 그러나 빌립이 기어코 그를 데리고 예수님께로 갔습니다. 나다나엘이 예수님 앞에 갔을 때 예수께서 나다나엘을 향하여 "보라 이는 참 이스라엘 사람이라 그 속에 간사한 것이 없도다"라고 하셨습니다. 성령께서 역사하시어서 나다나엘의 마음을 여시었습니다. 나다나엘이 예수님을 영접하고는 "랍비여 당신은 하나님의 아들이시요 당신은 이스라엘의 임금이로소이다"라고 하였습니다. 예수님의 열두 사도의 명단에 나다나엘이란 이름을 가진 자가 없지만 학자들은 바돌로매가 곧 나다나엘이라고 주장합니다.

애굽의 서부사막 가운데 바하레야 오아시스가 있습니다. 카이로에서 345킬로미터 떨어진 곳에 있습니다. 1박2일이면 다녀올 수 있는 거리입니다. 거기에는 호텔도 있으며, 유황온천도 있고 사막 투어도 할 수 있습니다. 그곳에서 파라플라 쪽으로 내려가면서 백 사막도 구경할 수 있습니다. 그런데 예수님의 제자 바돌로매가 여기까지 와서 순교를 하였다고 합니다. 물론 지금 바하레야 지역은 교회도 없고 기독교인도 없는 모슬렘 일색의 시골 마을입니다. 애굽은 이곳저곳에 순교자의 핏자국으로 얼룩진 나라입니다. 알렉산드리아에서는 마가 요한이 순교를 했고, 다바네스 지역에는 구약의 선지자 예레미야가 순교를 하였습니다. 순교자가 피를 뿌린 곳은 선교의 못자리입니다.

구 카이로

 "카이로 근방에 가 볼 만한 곳이 무엇이 있습니까?"라는 질문을 종종 받곤 합니다. 글쎄요, 시간이 없어서 그렇지 가 볼 만 한 곳이야 적지 아니한 줄 압니다. 다 둘러보려면 하루이틀 가지고는 부족할 것입니다. 멀리 룩소나 아스완을 가지 않더라도 대충 가 볼 만한 곳을 열거해 보면 다음과 같습니다.

 우선 기자의 피라미드를 비롯해서 – 스핑크스가 아무래도 제일 유명하겠지요. 사카라의 계단식 피라미드와 옛 왕들의 무덤들, 그리고 세라피움도 가 볼 만한 곳이라고 생각합니다. 사카라에서 조금 더 내려가면 멤피스가 있습니다. 지금은 황량한 벌판이지만 멤피스는 고대 애굽의 수도였던 곳입니다.

 그리고 카이로 시내를 중심해서 살펴보면, 먼저 5천 년의 역사를 지닌 애굽의 유적과 유물들을 한눈에 볼 수 있는 카이로 박물관입니다. 또 다른 박물관으로 가 볼 만한 곳은 구 카이로에 있는 콥틱 박물관과 농업 박물관이 있습니다. 그 외에 이슬람 박물관도 있습니다. 그리고 이슬람 국가를 대표하는 회교사원(Mosque)들이 카이로에는 수없이 많이 있습니다만 그중 유명한 것으로는 알 아즈하르 모스크입니다. 알 아즈하르 모스크는 애굽에서 가장 오래된 회교사원입니다. 기원 972년에 세워졌다고 하니, 천 년이 훨씬 넘었습니다. 알 아즈하르 모스크가 위치한 곳에서부터 큰길 건너편이 칸 엘 칼릴리(Khan el Khalili) 지역인데, 이곳은 토산품 시장(Bazzar) 지역으로 유명한 곳입니다. 뿐만 아니라 이 일대는 오래되고 역사 깊은 모스크들이 수없이 많이 모여 있는 곳이기도 합니다.

또 유명한 회교사원으로는 술탄 핫산 모스크가 있습니다. 이 모스크는 살라 엘 딘 광장 왼편에 있습니다. 그 오른편에는 모하메드 알리 모스크가 있습니다. 모하메드 알리 모스크는 19세기 중엽에 세워진 모스크로서 카이로의 관광 코스 중에 속해 있기도 합니다. 그 주변에는 군사 박물관도 있습니다. 이상 예를 든 모스크들이 카이로에서 대표적인 것들입니다.

구 카이로 지역은 기독교 박물관을 비롯해서 아부사르가 교회, 성 조지 교회, 알 무알락카 교회 등이 있습니다.

그 외에 가 볼 만한 곳은 옛 헬리오폴리스 근처, 지금의 지명으로는 알 마타리야(Al Maatariya)라고 하는데 그 일대에 가 보면 세티 1세의 태양신전이 있었던 흔적을 볼 수 있고 방첨탑(Obelisk) 하나를 구경할 수 있습니다. 바로 그 이웃에 성모 마리아의 나무가 있는데 전설에 의하면 예수님의 모친 마리아가 애굽에 내려왔을 당시 그곳에서 휴식하였다고 합니다. 그곳에는 아주 오래된 고목 한 그루가 있습니다. 또 헬완까지 내려간다고 하면, 그곳에 있는 밀초 박물관(Wax Museum)이 규모는 작지만 흥미있는 곳이기도 합니다.

카이로 근교의 유적들로는 대개 이상과 같은 것들이라고 볼 수 있을 것입니다. 그중에서 특별히 본 장에서는 구 카이로의 옛 유적지 몇 곳을 소개해 드리겠습니다.

구 카이로를 옛날에는 바벨론 요새지(Babylon Fortress)라고 불렀습니다. 구 카이로의 기독교 유적지에 들어가기 전에, 애굽에서 가장 오래된 모스크 중의 하나인 아무르 모스크를 구경할 수 있는 곳이 여기입니다. 아랍이 애굽을 정복했을 때 제일 먼저 수도로 정한 곳이 알 푸스타인데, 그곳이 바로 현재의 아무르 모스크 일대였고, 당시 애굽을 정복한 아랍군 총사령관의 이름이 아무르였다고 합니다. 아무르가 애굽을 정복한 후 바벨론 성 북쪽에 푸스타트(텐트라는 뜻임)를 세우고 비잔틴군의 바벨론 성을 함락시켰습니다. 아무르의 이름을 따서 세운 사원이 아무르 모스크입니다. 아무르 모스크는 사원의 벽만 있을 뿐 지붕이 없는 것이 특징입니다. 모스크가 차지하는 면적은 가로 세로가 120미터, 110미터가 됩니다.

필자가 어느 뜨거운 여름철 금요일 오후 1시경 그곳에 가 보았더니 - 금요일 그 시간은 모슬렘들의 정기예배일입니다 - 그 넓은 사원 안에 거의 빈자리 없이 예배하는 신도들로 가득 메워져 있었습니다. 건물의 지붕이 없기 때문에 뜨거운 햇볕이 그대로 내려쬐이는 가운데 기도를 드리고 있는 것을 보았습니다. 그러나 구 카이로는 역시 애굽 기독교회의 중심지였습니다. 지금도 이곳에는 콥틱 박물관을 비롯하여 알 무알락카 교회, 아부사르가 교회, 성 조지 교회, 성 바바라 교회 그리고 유대회당 등이 있습니다.

1. 콥틱 박물관
콥틱 박물관은 1908년에 설립하여 1910년에 개관하였습니다. 콥틱 박물관은 애굽 기독교 시대(기원후 300~700년)의 유적, 유물 중 특별히 4세기에서 6세기 사이의 것들을 소장하고 있습니다. 박물관 내부에 들어가 보면 1층에는 주로 고대 애굽 교회(콥틱교회)들의 건축물들, 원추기둥(colums), 기둥머리(capitals), 머릿돌 등을 구경할 수 있습니다. 대개의 것들이 석회석으로 되어 있고 아로새겨진 조각들이 아주 섬세하고 아름답게 수놓아져 있는 것을 관찰할 수 있습니다.

앞서 말한 것처럼 대개 4~6세기 것들입니다. 그리고 성경 사본들이 진열되어 있습니다. 파피루스와 양피지 등에 쓴 성경 사본들을 구경할 수 있습니다. 파피루스에 쓴 성경 사본들은 카스르 알 사야드(Qasr al Sayad) 근처에 있는 콥틱 수도원의 지하창고 항아리 속에서 발견되어 이곳에 옮겨다 놓았다고 합니다. 양피지 사본의 대부분은 와디 나투룬의 수도원에서 발견한 것입니다.

와디 나투룬은 카이로에서 알렉산드리아로 가는 중간 지점(사막길)의 오아시스에 위치하고 있습니다. 그리고 2층에 소장된 것으로는 성경 케이스, 곧 성경책을 넣어두는 은으로 만든 상자도 있습니다. 또 토기조각이나 뼈다귀 같은 데다 성경구절이나 글귀들을 적어놓은 것이 있는데, 이런 것들을 가리켜 '타블렛'(Tablet)이라고 합니다. 이것들이 귀한 자료가 되고 있기에 유명합니다. 갖가지의 직물류를 비롯해서 카페트 종류, 당시 고대 애굽 교회 제사장 혹은 사제들이 입었던 에봇(예복) 종류들도 이곳 2층에서 볼 수 있고, 성자들의 모습을 그려놓은 수많은 성상(Icons)들도 볼 수 있습니다. 상아로 만든 여러 가지 장식품들, 비녀, 참빗, 귀고리, 팔찌 등도 있고 또 나무에 새겨서 만든 장식품, 가구 등도 볼 수 있습니다. 그리고 동이나 철로 만든 십자가, 열쇠, 향단, 촛대, 기름을 넣어서 불을 켜던 등잔, 그리고 갖가지 농기구들, 예를 들면 그때 사용했던 이상한 모양의 괭이, 낫, 호미를 비롯해서 칼, 도끼 등 별것이 다 있습니다.

2층을 한 바퀴 돌아서 내려오기 직전에 있는 조그마한 진열실 벽에는 에덴 동산의 아담과 하와의 두 가지 모습의 그림을 볼 수 있습니다. 아담과 하와가 범죄하기 전의 모습과 그들이 선악과를 따먹은 후의 모습을 그려놓은 그림(벽화)입니다. 흥미있는 그림이라 할 수 있습니다.

2. 알 무알락카 교회

알 무알락카 교회는 콥틱 박물관 바로 오른쪽에 위치하고 있는 교회로서 일명 Hanging Church 혹은 Suspended Church라고도 합니다. 그 이유는 이 교회 건물이 옛 바벨론 성의 남서 두 요새로 통로에 얹혀 있기 때문입니다. 이 교회는 기원 7세기 말(684년)에 세워진 건물입니다. 이 교회 내부에는 제단이 있는 쪽 한가운데에 성모 마리아의 성상이 있고 북쪽에는 성 조지 그리고 남쪽에는 세례 요한의 초상화가 그려져 있습니다. 가운데 있는 마리아의 성상을 살펴보면 예수님이 한가운데 위치하고 있고 그 오른쪽에는 성모 마리아와 천사장 가브리엘, 사도 베드로가 있고, 그 왼쪽에는 세례 요한, 천사장 미가엘 그리고 사도 바울이 위치하고 있습니다. 이 교회는 몇 년 전에 콥틱 박물관과 함께 전면 보수공사를 한 바 있습니다. 보수공사가 끝난 다음 콥틱 박물관을 개관하는 날 허스니 무바락 애굽 대통령과 관계 장관들이 참석해서 테이프를 끊고 내부를 돌아보는 장면이 TV 화면에 비치기도 했습니다.

3. 성 조지 교회와 성 조지 수도원

콥틱 박물관 바로 왼쪽에 위치하고 있습니다. 성 조지 교회는 그리스 정교회입니다. 콥틱교회가 아닙니다. 그리고 이 교회 북쪽에는 성 조지 수도원이 있습니다. 처음의 이 교회는 아다나시우스(Athanansius) 감독에 의해 기원 7세기경에 세워졌습니다. 그리고 그 옆에 있는 수도원은 그리스인 수도승들이 와서 수도하였던 곳입니다. 그러나 지금은 수도승들이 거의 없는 상태라고 합니다.

성 조지 교회로 올라가는 대리석 계단 중간 지점에는 성 조지가 악마를 상징하는 용을 말을 타고 창으로 찔러 죽이고 있는 모습의 초상이 있습니다. 교회당 내부에 들어가는 바로 입구에도 그와 꼭 같은 모습의 그림이 동판에 새겨져 있습니다. 이 교회에서는 지금도 미사를 드리고 있습니다. 교회 안에는 언제 가 보아도 한결같이 초를 만들고 있는 한 그리스인 영감님을 볼 수 있습니다. 초를 만들어서 팔기도 합니다.

성 조지 교회는 1904년 8월 4일 화재로 인하여 크게 소실되었는데 그 후에 다시 보수하였습니다. 현재의 이 교회는 1909년 교황 포티우스 1세(Photius I)가 지은 것이라고 합니다.

4. 아부사르가 교회

일명 성 서지우스(St. Sargius) 교회라고도 합니다. 이 교회는 구 카이로뿐만 아니라 전 애굽에서 가장 오래된 교회입니다. 기원 4세기 말 내지 5세기 초에 세워졌다고 합니다. 이 교회는 그리스 정교회인 성 조지 교회 왼쪽 뒷골목 안에 위치하고 있습니다.

이 교회는 당시 신실한 성도였던 서지우스와 바쿠스를 기념하여 이름을 붙인 교회입니다. 이들 두 성도는 맥시미안 황제의 기독교 박해 때에 순교한 성도들이었습니다. 이 교회가 위치한 이 장소가 예수님의 성 가족(Holy Family)이 헤롯을 피하여 애굽으로 피난 오셨을 때 수개월 동안 머물러 계시던 곳이라고 합니다. 지금도 제단 지하에는 이를 기념하는 성 가족 피신 장소(The Crypt of Holy Family)가 구분되어 있습니다. 예수님의 성 가족이 팔레스타인에서 애굽으로 내려왔다는 이야기는 마태복음 2장 13절에서 15절 사이에 기록되어 있습니다. 이스마일리야와 와디 나투룬, 알 마타리야 등을 거쳐서 이곳 바벨론 요새에 와서 숨어 있었다고 합니다.

이 교회 본당 내부는 모두 12개의 기둥들로 받쳐져 있습니다. 각 기둥마다 십자가와 예수님의 열두 제자의 성상이 각각 새겨져 있는데, 그중 한 기둥에는 십자가도 없고 아무 성상도 새겨져 있지 않습니다. 그것은 열두 제자 중의 한 사람이었던 배신자 가룟 유다를 상징하는 것 같기도 합니다. 그리고 전면 한가운데에는 제단이 있고 그 왼쪽에는 강단이 있는데, 그 강단에는 십계명을 상징하는 10개의 기둥이 받치고 있습니다.

그리고 교회 내부 북쪽 벽에는 예수님의 탄생과 오병이어의 기적을 새겨놓은 그림이 있습니다. 남쪽 벽에는 성자들의 모습을 그려 놓은 성상들이 걸려 있습니다. 현재도 이 교회는 주일 아침에 미사를 드리고 있습니다. 현재 이 교회에 가브리엘 베스타브로스 신부님이 시무하고 있습니다. 물론 콥틱교회입니다.

5. 유대회당

이 회당은 아부사르가 교회 골목 맨 끝쪽에 위치하고 있습니다. 이 회당이 언제 세워졌는지는 정확하지 않습니다. 이 회당의 이름은 벤 에스라 회당입니다. 회당 내부에는 가죽 두루마리 성경, 탈무드 등이 보관되어 있습니다.

제4부 애굽 여행자들을 위한 실용 안내

1. 개관
2. 여권, 비자, 노동 허가
3. 카이로 여행
4. 시외(고속)버스 여행
5. 애굽인들의 생활풍습
6. 종교
7. 교육
8. 박물관 안내

1

개관

 애굽을 여행하시는 분들에게 실질적인 도움(practical guide)을 드리기 위한 생각에서 애굽에 대한 일반적인 소개부터 해드리겠습니다.

 먼저 애굽의 공식적인 나라 이름은 '이집트 아랍 공화국'입니다. 애굽의 공식적인 종교는 이슬람입니다. 이슬람이 국교로 되어 있는 나라입니다. 애굽 사람들이 사용하는 언어는 아랍어이며 애굽의 수도는 카이로입니다. 인구는 지난 2009년 7월 말 통계로 7,800만이며 그중의 43퍼센트가 도시 인구입니다. 인구 성장률은 연 4.5퍼센트입니다. 그리고 카이로의 인구는 1,600만 명이라고 합니다. 애굽의 면적은 약 101만 평방킬로미터로 우리나라 남북한 전체 면적의 약 4.6배에 해당합니다. 그러나 전체 면적의 95퍼센트가 사막인 사막의 나라이기도 합니다.

 애굽의 기후는 여름과 겨울 두 계절은 분명하나 봄과 가을은 분명하지 않습니다. 여름철은 4월에서 10월 초까지로서 매우 덥고 건조합니다. 그러나 겨울철(12~2월)은 따뜻하며 영하로 내려가는 날이 없습니다. 그리고 봄철에 해당한다고 볼 수 있는 3월과 4월에는 하마신(Khamaseen)이라고 하는 먼지바람이 붑니다. 원래 하마신은 아랍어의 오십(Khamseen)에서 그 말이 왔다고 하는데, 이 바람이 부는 기간이 그 어간에 불기 때문에 그와 같은 이름으로 불리게 된 것이라고 합니다. 그리고 애굽의 주요 도시로는 카이로를 비롯하여 알렉산드리아, 알마할라, 탄타, 포트사이드, 만수라, 파윰, 미니아, 아슈트, 이스마일리야, 베니수에프 등입니다.

애굽의 현 대통령은 모하마드 허스니 무바락으로서 집권당인 국민민주당의 당수입니다. 1981년 10월 6일 안와르 사다트 대통령의 서거 후 당시 부통령의 자리에서 대통령직을 승계하였습니다. 1993년에 2차 임기인 6년을 마치고 지금 제5기 임기를 맞고 있습니다. 대통령 선출은 과거에는 국회에서 선출, 국민투표로서 확정했으나 지금은 직선제입니다. 애굽에는 현재 부통령은 없습니다.

애굽에는 막강한 군대가 있습니다. 46만의 병력을 가지고 있는 나라입니다. 그중에서 68.5퍼센트가 육군이요, 7.2퍼센트가 해군이며 공군은 24.3퍼센트라고 합니다. 경찰 병력도 대단합니다. 한국의 경찰이 13만이라고 하는데 애굽의 경우 그 두 배는 되는 것 같습니다. 애굽 역시 경찰은 내무부 산하에 속하여 있습니다. 길거리에서 흔히 볼 수 있는 것이 교통경찰입니다. 경찰도 군인과 똑같은 계급장을 달고 있는데 장교, 하사관, 사병 그리고 준사관의 계급 구분이 있습니다. 장교의 경우 어깨에 별 하나를 달면 초급 장교로서 우리나라로 말하면 소위에 해당합니다.

여권, 비자, 노동 허가

 여행을 다니면서 애굽처럼 여권을 챙겨야 하는 나라도 드물 것입니다. 공항에 들어올 때부터 나갈 때까지 여권을 늘 지참하고 다니다시피 하여야 하는 나라입니다. 어느 지역, 아무 도시를 가서 호텔에 묵게 될 경우 반드시 여권 제시를 요구합니다.

 처음으로 애굽을 여행하는 분의 경우 공항에 내리면 상당히 당황하는 경우도 있다고 하는데, 그것은 입국비자를 받는 문제 때문입니다. 공항에서 여권에 비자를 받으러 줄을 서기 전에 먼저 그 옆에 있는 은행창구에 가서 관광비자용 수입인지(미화 15불) 하나를 구입하고 비자 창구로 가야 합니다. 그러면 한 달간의 비자를 찍어 줍니다. 애굽에 장기체재를 할 경우 타흐릴 광장 앞에 있는 정부청사인 무감마에 가서 비자를 받을 수 있습니다. 한국인의 경우 최고 1년까지 체재할 수 있는 비자를 줍니다. 그리고 그 후 또 연기할 수 있습니다.

 그들이 이렇게 관광 비자를 발급하여 주면서 비자 란에 반드시 "이 비자로서 노동하는 것은 불가하다"(Work is not Permitted)라고 적어 놓은 것을 주의해야 합니다. 만약에 그것을 어기고 일하다가 적발될 경우 경찰에 불려가 곤욕을 치르거나 추방을 당하는 경우도 종종 보게 됩니다. 그리고 관광 비자를 가진 사람이 일단 애굽을 떠났다가 재입국할 경우 다시 입국

비자를 받아야 합니다. 그런 어려움을 피하기 위해서는 나가기 전에 처음부터 재입국비자(Re-entry Visa)를 받으면 됩니다. 관광비자 아닌 거주비자(Residence Visa) 소유자에게는 해당이 되지 않습니다.

외국인으로서 애굽에서 사업을 하든지 기타 어떤 종류의 일이든지 이곳에서 일을 하여야 할 경우 반드시 노동 허가(Work Permit)를 받아야 됩니다. 노동 허가는 애굽의 노동성(Ministry of Manpower)에서 발급하여 줍니다. 여기에서 발급하여 주는 노동 허가증을 가지고 무감마에 가서 거주비자를 발급받을 수 있습니다. 노동 허가증은 대개 6개월과 1년 기간의 두 종류가 있습니다.

거주비자 발급에 있어서도 몇 가지 특별한 경우가 있는데, 예를 들어 1952년 이전의 애굽 태생의 외국인이나 1932년 이래로 애굽에 살고 있는 사람들에게는 10년 유효기간의 거주비자를 발급하여 줍니다. 1937년 이후 계속 애굽에 거주하는 외국인에게는 5년 유효 거주비자를 찍어 줍니다. 그리고 애굽인과 결혼한 외국인들에게는 3년 기간의 비자를 발급하여 주는 것이 고작입니다.

3 카이로 여행

카이로는 중동과 아프리카에서 최초로 지하철이 생긴 곳입니다. 그 자랑과 자부심이 대단한 것 같습니다. 카이로 남쪽 헬완에서 카이로 역(Ramsis 역)까지 전차를 타고 오다 보면 사아드 자글룰 역에서부터 전차가 지하로 들어갑니다. 거기에서 불과 너댓 정거장, 즉 사다트 역(Tahrir 광장)과 그 다음 나세르 역 그리고 오라비 역 그리고 무바락 역(Ramsis 역)까지 지하철로 되어 있습니다. 1987년 10월에 개통을 하였는데, 이 개통식 때에는 당시 프랑스 시락 총리가 직접 와서 테이프를 끊기도 했습니다. 프랑스 건설회사가 시공해서 만들었기 때문입니다. 지하철을 개통했을 때 애굽 사람들이 으스대며 자랑스러워하는 것은 굉장할 정도였습니다. 지금은 지하철 2호선까지 있습니다. 곧 3호선도 개통한다고 합니다.

필자의 경우 종종 이 지하철을 이용해 봅니다만 옛날보다는 많이 나아진 느낌이 들기도 합니다. 우선 전차 내에서는 금연이니 좋고, 그전 같으면 전차 바닥에 널려 있을 법한 휴지조각, 호박씨 껍질, 담배꽁초 등을 볼 수 없으니 한결 나아진 것 같습니다. 전철 요금은 역구간의 구별 없이 1파운드입니다.

카이로가 물론 유럽 아프리카를 통틀어서 가장 큰 도시 중의 하나이기도 하지만, 사람 머릿수로 볼 때는 단연 제1의 도시라고 할 수 있겠습니다. 그런 데다가 천 년의 역사 있는 도시지만 국민의식이 낮고 공중도덕도 거의 찾아보기 어려운 교통이 혼잡하기로 유명한 곳이기도 합니다. 그래도 옛날보다는 많이 나아졌고 계속 나아지고 있는 것은 사실입니다. 필자가 여기 온 1979년도와 그 후 30년이 지난 지금은 비교가 안 될 정도로 나아졌습니다. 그때에는 거리에 청소부가 없었습니다. 지금은 어떤 길에 보면 청소부가 너무 많아서 불편을 줄 정도입니다.

애굽에서 대중교통 수단의 하나는 버스입니다. 애굽이 사회주의 국가이기에 그러하겠지만, 세계에서 버스요금이 가장 싼 나라가 애굽입니다. 버스 노선 역시 시내 곳곳으로 다 연결되어 있어서 일반 서민들은 주로 버스 이용을 많이 하는데, 아침 7시에서 10시, 오후 2시에서 4시까지는 복잡한 시간(rush hours)입니다.

카이로에서 한 가지 빼놓을 수 없는 교통수단으로는 나일 강을 따라서 운행하는 River Bus가 있습니다. 이것 역시 대중교통수단 중의 하나입니다. 카이로 TV 방송국 앞 강변, 람세스 힐튼 호텔, 조금 북쪽 강변에서 남쪽으로는 구 카이로 있는 데까지를 왕복 운행하면서 군데군데 멈추어서 손님을 내려 주고 태우고 합니다. 그리고 북쪽으로는 북쪽 Nile Barrage 있는 데까지 운행합니다. 아침 7시부터 오후 5시까지 계속 왕복 운행합니다.

카이로가 교통이 복잡하고 교통 질서가 엉망이기로 유명하지만 그리고 길거리에 차선이 없는 것으로도 유명하지만, 요즈음은 주요 도로에 차선이 있기는 합니다. 그래도 아직 유야무야한 것 같습니다. 그래도 카이로처럼 택시 잡기 쉬운 도시는 별로 흔하지 않을 것이라고 생각합니다.

카이로에서 굴러다니는 자가용 수가 100만 대는 된다고 말합니다. 저마다 자기 차를 가지고 있는 것 같고 또 그러려고 애쓰는 것 같습니다. 그러므로 카이로 시내의 경우 주차 문제는 대단히 심각한 문제 중 하나입니다. 시내 중심가에 볼일이 있어도 차를 몰고 시내까지 들어가기가 힘듭니다. 주차할 장소가 없기 때문입니다.

그러나 이 문제도 옛날보다 조금 나아지고 있는 것이 보입니다. 시내 중심가 근처인 앗타바 로터리 주변 그 일대에 세 개의 공공 주차용 건물이 있습니다. 수백 대의 자동차를 주차할 수 있는 주차장 건물을 지었습니다. 주차요금도 매우 싼 편입니다. 람세스 힐튼 호텔 뒤쪽에도 주차장 건물이 있고, 구 카이로 아메리칸 대학(AUC) 근처에도 주차장 건물이 있습니다. 그런데 길거리에 차를 세워둘 경우 - 대개의 경우 도로 한쪽에 한 줄 정도는 차를 주차할 수 있도록 하고 있습니다 - 잠시라도 세워 두었다가 빼내 가려고 하면 어디선가 재빨리 달려와서 손을 내미는 사람들이 있습니다. 카이로 시내 어디를 가든지 반드시 있게 마련입니다. 그들이 손을 내밀어 달라고 하는 것 - 어떤 경우에는 적다고 더 내어놓으라고 하기도 하는데 - 그것을 아랍말로 박시시(Bakshish)라고 합니다. 일종의 팁이라고 할 수도 있는데 어떤 경우에는 뇌물 같은 것도 박시시로 통하기도 합니다.

시외(고속)버스 여행

 카이로 이외의 지역을 버스 편으로 여행을 하면 여행 비용(교통비)도 적게 들 뿐만 아니라 운전하는 불편이나 어려움도 덜고 쉽게 여행할 수 있는 장점이 있습니다. 대개의 경우 시외버스들은 에어컨 시설이 되어 있기 때문에 시원한 가운데서 여행할 수 있습니다. 알렉산드리아로 가는 Super Jet 고속버스의 경우 차내 화장실도 설비되어 있고 청량음료도 구입하여 마실 수 있습니다.

1. 카이로-알렉산드리아

 West Delta Bus와 Super Jet 버스가 매일 아침 일찍부터 오후 늦게까지 운행하고 있습니다. 람세스 힐튼 호텔 근처(박물관 뒤쪽)에서 출발하는데 West Delta Bus는 운행시간이 매일 아침 5시 30분부터 저녁 6시 30분까지(여름에는 밤 9시)이며 매 시간마다 운행합니다. 그리고 Super Jet Bus(Luxury Air-Conditioned, With Refreshmemts, WC and Video)의 경우 매일 아침 5시 45분부터 저녁 7시 30분까지 매시간마다 운행하며, 카이로에서 사막 길(desert road)로 알렉산드리아까지 세 시간 정도면 갈 수 있게 됩니다.

2. 카이로-마사 마트루

West Delta Bus가 역시 나일 힐튼 호텔 뒤쪽에서 출발합니다. 매일 오전 7시 30분과 8시 30분 두 차례 운행합니다. 우리가 만일 자기 차로 마사 마트루까지 가려고 하면 이른 아침에 출발해도 오후 늦게야 도착할 수 있는 길입니다. 500킬로미터가 넘는 장거리이기 때문입니다. 그러나 버스를 타고 가면 한결 편하게 여행할 수 있을 것으로 봅니다. 물론 그곳에 가서도 불편한 점은 있겠으나 역시 거기도 택시는 있습니다.

3. 카이로-시와 오아시스

시와 오아시스는 애굽 서쪽 사막에 있는 유명한 오아시스 지역입니다. 지도를 놓고 보면 알 수 있듯이 시와 오아시스는 거의 리비아 국경선 가까이에 위치하고 있습니다. Marsa Matruh에서 서남쪽 300킬로미터 지점입니다.

이곳에 가면 옛날의 태양신전(Temple of Amun)과 클레오파트라 여왕의 휴양터(Cleopatra's Baths and Gardens) 등을 구경할 수 있습니다.

4. 카이로-후루가다

후루가다는 홍해변에 위치한 해변도시로서 해변이 맑고 아름다운 곳입니다. 후루가다로 가는 버스는 Travco Shark al Delta 회사의 버스입니다. 버스회사 사무실 위치는 Midan Ahmed Helmi에 있으며 버스는 매일 아침 9시(금요일 제외)에 아베세야 터미널에서 출발합니다.

5. 카이로-시내 산

시내 산까지 가는 버스는 East Delta Bus 회사의 버스로, 매일 아침 10시 30분에 아베세야 버스 터미널에서 떠납니다. Sham al Sheikh, Nuweiba, Dahab, el Arish 그리고 Taba 등으로 가는 버스도 여기에서 출발합니다.

6. 카이로-텔아비브, 예루살렘

육로로 이스라엘로 가고자 할 경우에는 East Delta Bus로 갈 수 있고, Travco 회사 버스로 갈 수 있으며, Isis Travel 버스로도 갈 수 있습니다. East Delta Bus는 앞에서 말한 아베세야 터미널에서 티켓을 구입할 수 있습니다. 그리고 Travco Bus는 매일 새벽 5시에 카이로 쉐라톤 호텔 앞에서 떠납니다. 티켓은 Travco 회사에서 구입해야 하는데, 회사 사무실은 자말렉 메리어트 호텔 뒷문 근처에 있습니다. 그리고 Isis Travel Bus는 48 Sharia Giza에 사무실이 있습니다.

5

애굽인들의 생활풍습

"애굽 사람들은 도대체 어떤 민족인지 잘 모르겠습니다"라는 말을 하는 사람들을 종종 만나봅니다. 애굽인들이 어떤 민족에 속하는지에 대하여 시편 78편 51절이나 시편 105편 23절 등에 보면, 고대 애굽 사람들은 노아의 세 아들 가운데에서 함의 후손들이라고 말씀하고 있습니다. 이 점에서 히브리인들과는 다릅니다. 히브리인들은 셈의 후손들이기 때문입니다.

그러나 그 후대로 내려오면서 아브라함 이후로 와서 보면 이스라엘 사람들은 자칭 이삭의 후손들이라고 말하고, 이쪽 아랍 사람들 - 애굽 역시 아랍 쪽이므로 - 은 이스마엘의 후손이라고 합니다. 그러나 우리가 일반적으로 애굽 사람들을 말할 때는 흔히 서너 가지 그룹으로 나누어 말을 하고 있습니다.

첫째로는 펠라힌(Fellahin)입니다. 이는 정통 애굽 사람들을 가리켜 하는 말입니다. 대개 농촌에 살고 있는 사람들이 여기에 속한다고 볼 수 있습니다. 고대로부터 흘러오는 조상의 피를 물려받고 있는 애굽 사람들이 이 그룹에 속합니다. 이 사람들이 전체의 약 86.4퍼센트를 차지하고 있습니다.

그 다음은 베두원입니다. 베두원은 본래 사막이나 광야에서 떠돌아다니며 살던 유목민들을 가리킵니다. 움막이나 텐트 같은 것을 짓고 양이나 염소를 치면서 사는 무리들입니다. 이 그룹에 속하는 사람들이 약 2퍼센트에 해당합니다.

그 다음 세 번째 그룹은 누비안입니다. 이들 누비안은 남부 애굽, 수단 가까이에 사는 사람들입니다. 1902년 아스완 댐이 준공된 후 이들이 활동하던 토지가 물속에 잠겨버려서 지금은 사방으로 흩어져 있습니다. 누비안들 역시 약 3퍼센트 정도에 해당합니다.

그리고 그 이외에 아랍인들이 상당히 많이 들어와서 살고 있는데, 그중에는 팔레스타니안, 레바논 사람들, 예멘 등 아랍인들이 약 6.3퍼센트나 된다고 하며, 그 외에 외국인들 즉 서양인들, 아르메니안, 그리고 소수의 동양인들, 이들 외국인들을 합치면 0.3퍼센트 가량 될 것이라고 보고 있습니다.

애굽에서도 아기가 출생하면 세상에 사람 난 기쁨을 이웃과 함께 나누는 것은 한가지입니다. 친구의 부인이 출산을 하면 그 집을 방문하여 기뻐하며 산모를 위로하고 축하를 합니다. 그것은 어디나 마찬가지인 것 같습니다. 그리고 아기 출생을 축하하는 간단한 선물 같은 것도 나누곤 합니다. 그리고 어떤 가정에서는 아기가 태어난 지 7일째 되는 날에 사람들을 불러서 축하연을 가지기도 합니다. 그리고 모슬렘이든 기독교인이든 간에 남자아이의 경우 태어난 지 7~8일이 되면 할례(Circumcision)를 행합니다. 할례는 기독교인의 경우 성경적 근거에 의한 것이겠으나 모슬렘들의 경우에는 건강상의 이유 때문인 것 같습니다.

애굽에서는 사람이 죽으면 대개 〈알 아흐람〉 같은 일간신문에 부고를 내어서 아무개가 세상을 떠났음을 알립니다. 그러므로 〈알 아흐람〉은 매일같이 이와 같은 사망자의 명단으로 한 면을 가득 채웁니다. 이것이 하나의 습관이요 풍습이기도 한 것입니다. 이 점이 우리나라와는 많이 다른 것 같습니다. 우리나라 같은 경우에는 유명한 분(?)들이 세상 떠날 때만 그 자녀들 혹 후배 동료들 이름으로 거창하게 부고를 내고 장례절차 등을 알리곤 합니다. 애굽의 경우 사람이 세상을 떠나면 대개는 그날로 장례를 끝내고 맙니다. 조의를 표하는 것은 우리나라의 풍습과 대동소이한 것 같습니다. 대개 상주 되는 사람은 특히 여자들의 경우 검은 옷을 입고 슬퍼하며 정중히 조객들을 맞이하고 조객들 역시 그와 같은 슬픔을 당한 유족들을 위로합니다.

애굽 사람들의 무덤을 가서 보면 우리나라의 묘지와 매우 다르다는 것을 발견하게 됩니다. 이스라엘 사람들이나 애굽 사람들은 옛날부터 무덤을 쓸 때에 무덤집을 짓고 그 속에 시체를 가져다 둡니다.

카이로에는 외국인들을 위한 묘지도 몇 군데 있습니다. 구 카이로의 Mari Girgis 전철역에서 el Malek Saleh역 사이에는 그리스인들의 공동묘지, 미국인들의 공동묘지도 있습니다. 그 외 유대인들의 공동묘지, 영국인들의 공동묘지도 곳곳에 있습니다.

애굽 사람들은 결혼하기 전에 약혼식을 매우 성대하게 치르는 것 같습니다. 물론 형편에 따라서 다르겠지만, 결혼식인지 약혼식인지 구분하기 힘들 정도로 약혼식을 거창하게 하는 것을 보았습니다. 선물을 교환하고 서약하는 등의 순서는 우리의 경우와 다를 바가 없는 것 같습니다. 법적으로 18세면 결혼이 가능하다고 합니다. 시골의 경우에는 그보다 더 어린 나이에도 결혼을 한다고 합니다. 그러나 도시의 경우에는 남자들을 보면 대개 27-28세가 넘어서야 하는 것 같고, 어떤 경우 결혼 상대자가 있음에도 결혼에 따르는 경제적 사정 때문에 늦어지는 경우도 많이 있습니다.

모슬렘과 기독교인의 결혼은 원칙적으로 잘 이루어지지 않습니다. 기독교인이 모슬렘과 결혼하지 않습니다. 모슬렘 청년의 경우, 기독교인 배우자가 결혼 후 개종한다는(모슬렘이 되겠다고 하는) 약속을 받고 결혼하는 경우는 더러 있는 것 같지만 그렇지 않고는 두 종교인들 사이에 결혼은 이루어지기가 쉽지 않습니다. 모슬렘의 경우 이혼이 가능합니다. 그러나 기독교인의 경우 이혼은 원칙적으로 허락하지 않는 것이 교회의 법입니다.

애굽 사람들은 만날 때 서로가 양쪽 뺨을 맞춤으로 인사하는 풍습이 있습니다. 어떤 경우에 보면 오른쪽, 왼쪽 그리고 다시 오른쪽 몇 차례나 반복하면서 뺨을 맞추는 경우도 봅니다. 특별히 공항에 사람을 마중하러 가거나 환송하러 나갔다가 그러는 경우를 흔히 보게 됩니다.

애굽은 공휴일이 참 많은 나라인 것 같습니다. 주 5일 근무까지 하는 경우에는 더욱 공휴일이 많아지는 것이 아닌가 싶습니다. 게다가 1년 중 한 달은 금식하면서 일을 해야 하니 그것도 힘든 일임에는 틀림없습니다. 애굽의 공식적인 국정 공휴일은 다음과 같습니다.

① 성탄절(Christmas): 1월 7일
② 시내 반도 반환 받은 날(Liberation of Sinai Day): 4월 25일
③ 노동절(Labor Day): 5월 1일
④ 1952년 혁명기념일(Anniversary of the 1952 Revolution): 7월 23일
⑤ 국군의 날(Armed Forces Day): 10월 6일
⑥ Sham el Nisheem: 콥틱의 부활절 후 첫 월요일
⑦ Ramadan Bairam(4일간 연휴): 라마단 기간 지난 후
⑧ Courban Bairam(5일간 연휴): 라마단 바이람(Ramadan Bairam) 지난 한 달 후

공휴일은 아니지만 애굽인들이 특별히 지키며 기억하는 날들도 있습니다.

① 아버지의 날(Father's Day): 2월 4일
② 어머니의 날(Mother's Day): 3월 21일
③ 스승의 날(Teacher's Day): 3월 3일
④ 의사의 날(Doctor's Day): 3월 18일
⑤ 농부의 날(Famer's Day): 9월 9일

종교

1. 이슬람

애굽의 공식적인 종교는 이슬람입니다. 이슬람은 선지자 모하메드에 의해서 창시된 종교이며 철저한 일신교(Monotheistic Religion)입니다.

이슬람에는 다음과 같은 다섯 가지 중요한 교리(major principles, pillars)가 있습니다. 첫째는 신앙고백(confession of faith, Shahaada)입니다. 즉 "하나님은 유일하신 분입니다. 그리고 모하메드는 하나님의 사도이십니다"라는 것을 신앙으로 고백하는 것입니다.

둘째는 기도(prayer, Salaah)입니다. 하루에 다섯 차례 기도하게 되어 있습니다. 그리고 기도할 때는 반드시 메카 있는 쪽을 향하여서 합니다. 하루에 다섯 번씩 하는 기도 중 이른 아침(새벽)에 하는 기도를 알파지르(al-Fajir)라고 부릅니다. 기도의 시간은 계절마다 지역마다 조금씩 다른데, 이슬람 달력이 태음력을 기준으로 하고 있기 때문입니다. 기도 시간은 달력에 매일같이 표시가 되어 나오기도 하며 방송으로 알려주기도 합니다. 알파지르가 다섯 번의 기도 중 첫 번째 기도가 아닙니다. 첫 번째 기도는 저녁 해질 때에 하는 기도, 곧 al-Maghrib입니다. 그리고 순서상 두 번째 기도는 al-Ashaa로, 이 기도는 대개 저녁 9시경에 드리게 되는 밤 기도입니다. 새벽의 기도 알파지르는 순서상 세 번째 기도에 해당합니다. 정오에 드리는 기도를 알두흐르(al-Duhr)라고 하며 오후 4시경에 드리는 기도를 al-Asr라고 합니다.

모슬렘에게 있어서 제일 중요한 기도는 금요일 정오에 모스크에 모여서 드리는 금요기도입니다. 금요일은 모슬렘들에게 있어서 안식일(sabbath day)입니다. 금요일 정오에서 약 1시간, 이 시간에는 카이로 시내의 모든 모스크마다 기도하는 이슬람 신도들로 가득 찹니다. 길거리에까지 기도하는 사람들로 가득 메워지는 것을 수없이 보게 됩니다.

세 번째는 구제입니다.

네 번째는 금식입니다. 이는 라마단의 금식을 말합니다. 라마단은 모슬렘에게는 금식하는 달입니다. 한 달 동안 아침 동이 트는 시간에서 저녁 해질 때까지 금식(fasting)합니다. 물론 예외적인 경우도 있지만 모든 모슬렘들은 의무적으로 이 달에 금식하게 되어 있습니다. 담배도 피우지 아니하며 물 한 모금도 마시지 않는다고 합니다. 그리고 다섯 번째 교리는 성지순례(pilgrimage)입니다. 모든 모슬렘들은 그들의 성지 메카를 순례하는 것을 일생의 소원으로 생각하고 있습니다.

애굽의 경우 이슬람 인구는 전체 인구의 82퍼센트로 봅니다. 그리고 기독교 인구가 17~18퍼센트라고 봅니다.

2. 기독교

"애굽에도 기독교인들이 있습니까? 교회가 있습니까?" 그런

질문을 받아 보기도 하는데, 기독교인이 있는 정도가 아닙니다. 카이로 시내만 하더라도 수백을 헤아리는 기독교회들이 있습니다. 애굽은 역사적으로 말하면 기독교의 뿌리가 아주 깊은 나라입니다. 우리가 성경을 읽어 보면, 특별히 사도행전의 기사 가운데는 애굽의 기독교인들에 관한 이야기들이 여기 저기 있는 것을 보게 됩니다.

사도행전 18장 24절 이하에 보면 아볼로라고 하는 열심 있는 기독신자가 나오는데 그는 알렉산드리아 태생의 유대인이라고 하였습니다. 뿐만 아니라 초대 기독교회 역사에서 유명한 인물 가운데에는 애굽(알렉산드리아) 출신이 여러 사람이 있었던 것을 알 수 있습니다. 아다나시우스, 오리겐 같은 사람이 그 대표자들입니다.

현재 애굽의 기독교회를 대표하는 것은 애굽 정교회(Coptic Orthodox Church)라고 할 수 있습니다. 흔히 콥틱교회라고 하는데, 콥틱교회의 역사는 장구한 것입니다. 기원 64년경 마가 요한이 알렉산드리아로 내려와서 복음을 전파하다가 그곳에서 순교한 사실이 있는데 애굽 정통교회의 뿌리를 바로 거기다 둡니다.

콥틱교회는 그 정치 형태로 볼 때 로마 가톨릭교회와 비슷한 점이 많다고 하겠습니다. 즉 로마 가톨릭교회처럼 콥틱교회에서도 교회의 최고 위치에 있는 사람을 가리켜 교황(Pope)이라고 부릅니다. 지금 콥틱교회의 교황은 시누다 3세(Shenuda III)입니다. 교황 밑에는 대주교, 주교 그리고 사제(Priest)가 있고 수도사(Monk)들이 있습니다. 콥틱교회의 예배

형식도 역시 로마 가톨릭과 흡사합니다. 예배(worship service)라기보다 미사(Mass)의 형태입니다. 콥틱교회의 신도수는 전체 인구의 15.7퍼센트라고 합니다. 적어도 800만 명은 된다고 봐야 할 것입니다. 물론 애굽에는 로마 가톨릭교회도 있습니다. 전체 인구의 0.33퍼센트라고 합니다. 그리스 정교회도 있습니다. 개신교회(Protestant)는 전체의 0.85퍼센트 정도입니다.

개신교회 중에서는 애굽 복음교회(Coptic Evangelical Church)가 그중 제일 큰 교단입니다. 애굽 복음교회는 교회정치 형태나 예배의식이나 교리 등에서 볼 때 장로교회와 같다고 볼 수 있습니다. 애굽 복음교회는 애굽의 모든 개신교단 중에서 정규 신학교육 기관을 가지고 있는 유일한 교단이기도 합니다. 기타의 개신교단으로는 오순절 계통의 교회들과 감리교 계통의 교회들이 있고 형제교회, 성공회, 침례교회, 그리스도의 교회 등 10여 개의 군소 교단들이 있습니다.

애굽의 교회들은 기독교의 대 명절인 성탄절, 부활절을 한국교회가 지키는 날들과 다르게 지킵니다. 애굽에서 성탄절은 1월 7일입니다. 부활절 역시 서방교회의 부활절보다는 한 주일 뒤에 지키게 됩니다.

교육

애굽의 문맹률은 49퍼센트라고 하는 보고가 있습니다. 카이로에는 학생수 10만 명을 넘게 헤아리는 카이로 대학을 비롯하여 여러 개의 종합대학들이 있습니다. 카이로 대학의 경우 애굽 제일의 대학인 동시에 중동 아프리카 전체를 통하여서도 유명한 대학입니다. 카이로 대학의 설립 연도가 1908년이니 102년의 전통과 역사를 가진 대학이라 하겠습니다. 그리고 카이로 대학의 분교가 아슈트에도 있고, 이웃나라인 수단의 수도 카루툼에 카이로 대학의 자매교(카루툼 카이로 대학)가 있습니다. 그리고 한국 사람으로서 카이로 대학에서 학위를 받은 이가 여러 명이 됩니다.

역사적으로 카이로 대학보다 훨씬 먼저 세워진 대학이 있는데 알아즈하르 대학입니다. 알아즈하르 대학은 기원 970년에 세워진 학교라고 하니 1천 년이 넘는 오래된 대학입니다. 알아즈하르 대학은 철저한 이슬람 대학으로서 모슬렘이 아니면 입학이 허가되지 않습니다. 알아즈하르 대학에서 학위를 받은 한국인도 있습니다.

그리고 아인샴스 대학이 있습니다. 아인샴스 대학은 학교 역사는 그렇게 오래되지 않았으나 역시 명문대학 중의 하나입니다. 아인샴스 대학에는 한국어학과가 있습니다. 인기학과

중의 하나입니다. 2009년에 첫 졸업생을 배출했습니다.

카이로에 영어로 공부하는 카이로 아메리칸 대학(AUC)이 있습니다. 카이로 아메리칸 대학은 1919년에 세워진 사립대학입니다. 이 대학을 설립한 사람은 미국 선교사 자녀입니다. 처음 얼마 동안은 미국 선교부와 이 나라 교회에서 운영을 하였다고 합니다. 물론 지금은 교회와는 아무런 상관이 없는 세속학교(Secular University)입니다.

필자가 AUC에 다닐 때(1980~1982년)만 해도 AUC는 기독교적인 분위기가 조금은 보이는 것 같았습니다. 즉 주 5일 수업 중 금요일과 주일에는 수업이 없었습니다. 그리고 기독교 명절인 성탄절, 부활절, 추수감사절 등은 공휴일로 되어 있었습니다. 그러나 지금은 그렇지 않습니다. 금요일과 토요일을 공휴일로 하고 주일은 평일처럼 되었습니다.

카이로 아메리칸 대학에는 외국인들에게 아랍어 연수를 시키는 아랍어 연수과정(Arabic Language Institute)이 있고, 아랍어 연구센터(Center for Arabic Studies Abroad)도 있습니다. 지금은 조금 뜸해졌습니다만 과거 한때에는 아랍어 연수과정에 한국 유학생 연수생들도 상당히 많이 있었습니다.

카이로 남쪽 헬완에는 헬완 대학교가 있습니다. 카이로에 있는 종합대학은 대개 이 정도라고 볼 수 있습니다.

애굽 사람들은 대체적으로 영어, 프랑스 그리고 독어 등을 잘하는 사람들이 많은데 그럴 만한 이유가 있습니다. 카이로에는 많은 사립 중고등학교, 초등학교, 유치원들이 있는데 이들 사립학교의 경우 크게 세 가지 그룹으로 나누어 보면 첫째,

영어로 가르치는 사립학교가 있습니다. 유치원에서부터 초등학교, 중학교, 고등학교까지 영어로 주요과목들을 가르치는 것입니다. 물론 가르치는 교사들은 애굽인들 교사입니다. 카이로에는 이런 학교들이 굉장히 많습니다. 그중 대표적인 학교 몇몇을 소개하면 Maadi 지역의 Victory College와 Maadi Carnal School 그리고 Maadi British School 등입니다. Cairo American College(CAC)는 미국인이 경영하는 완전 미국 학교입니다. 미국의 어느 사립학교 못지않은 훌륭한 시설과 내용을 가진 우수한 학교라고 할 수 있습니다. 그리고 Giza지역에는 Al Alsson School과 Al Horreiya School 등이 있고 Zamalek에는 Portside School, Gezira Language School, St. Joseph School 등이 있으며 British International School in Cairo(BISC)도 있는데, 이 학교는 영국 선생님들이 완전히 영국식 교육을 시키는 영국 학교입니다. 근래 새로 생겨난 신도시 지역에는 영어로 교육하는 학교들이 상당히 많이 생겼습니다. 초·중·고등학교에서 대학교육 기관까지입니다.

그 다음에는 프랑스어로 교육하는 프랑스어 학교가 있습니다. 그 다음은 독일어로 교육하는 독일어 학교인데 이런 학교들이 카이로 전역에 상당히 많이 있습니다.

람세스 여학교(Rameses College for Girls) 역시 영어로 교육하는 사립학교입니다. 람세스 역에서 헬리오폴리스 쪽으로 올라가다 보면 아베세야 근처에 위치하고 있는 큰 학교입니다. 학생수 3천 명이 넘는 기독교 학교입니다. 미국 선교사들이 세운 학교입니다.

그러나 기독교 학교라고 해도 우리나라의 미션스쿨하고는 아주 다릅니다. 물론 재단 이사장, 학교장은 기독교인들입니다. 그러나 학생들을 가르치는 교사들은 그렇지 않습니다. 기독교인 교사도 있지만 모슬렘 교사들도 많이 있습니다. 교과과정(curriculum)을 본다고 해도 기독교 교육을 하는 학교라고 보기는 어렵습니다. 성경을 가르칠 수 있는 시간(종교 시간)이 있기는 하지만 그 시간에는 학생들이 두 그룹으로 나누어져서 수업을 받는데, 성경을 배우는 학급에는 기독교 가정의 자녀들만 모입니다. 소수입니다. 모슬렘 학생들도 그들끼리 모여서 코란을 배우고 이슬람을 공부합니다. 교사 역시 모슬렘 선생입니다. 그러니 무슨 기독교 학교라고 할 수 있겠습니까? 사립학교로서의 설립 목적조차 희미해져버린 상태라고 보아도 좋을 것입니다.

애굽 역시 교육열이 상당히 높은 것 같습니다. 갈수록 높아지고 있는 것 같습니다. 문맹률이 급속도로 낮아지고 있는 것을 보아서 알 수 있습니다. 1900년대 애굽의 문맹률은 70퍼센트선이었다고 했습니다. 1980년대 들어서면서 60퍼센트선으로 낮아졌다고 합니다. 지금은 문맹률이 49퍼센트라는 것입니다. 애굽의 경우 겉으로 보기에는 우리나라처럼 그렇게 대학 진학문제가 사회문제화 되지는 않은 것 같습니다. 거기에는 근본적으로 교육제도 및 대학 진학을 위한 입학 전형 방법에 큰 차이가 있는 것 같습니다.

박물관 안내

카이로에는 수많은 박물관들이 있습니다. 그리고 박물관마다 특징이 있고 볼 만한 것들이 있습니다.

1. 애굽 국립 박물관

타흐릴 광장 앞 나일 힐튼 호텔 근처에 위치하고 있습니다. 유명한 프랑스 고고학자 마리에트가 설립한 박물관으로, 박물관을 개관한 것은 1902년이라고 합니다. 세계적인 박물관 중의 하나로 꼽히고 있습니다. 투탄크아문 왕의 무덤에서 발굴한 그의 유품과 유물들을 이 박물관이 소장하고 있는 것으로 더욱 유명합니다. 카이로 박물관에 대한 특별 안내를 참조하시기 바랍니다.

2. 콥틱 박물관

구 카이로의 Mari Girgis 전철역 근처에 있습니다. 이 박물관은 기독교 박물관입니다. 1908년에 설립하여 1910년에 개관하였습니다. 애굽의 기독교 유적과 흔적들을 알아볼 수 있는 유일한 박물관입니다. 기원 4세기에서 6세기까지의 시대가 애굽으로서는 콥틱 시대(Coptic Age)인데 그 시대에 기독교가 가장 왕성했습니다. 이 박물관이 소장하고 있는 것들이 거의

다 그 시대의 것입니다.

3. 농업 박물관

Dokki의 Sixth of October Bridge가 끝나는 지점에 있습니다. 세계에서 가장 오래된 농업 박물관 중의 하나라고 합니다. 매일 오전 9시부터 오후 2시까지 개관합니다. 월요일은 문을 열지 않습니다.

4. 이슬람 박물관

Port Said Street의 Midan Ahmed Maher에 있습니다. 1980년에 설립된 박물관으로 이슬람 예술품들을 세계에서 가장 많이 소장하고 있는 박물관입니다. 7만 8천 점 이상을 소장하고 있다고 합니다.

5. 지질 박물관

이 박물관은 원래 AUC 정문 앞에 있었는데 근래에 옮겼습니다. 현재의 위치에서 마아디로 오다 보면 구 카이로를 지나서 강변도로 왼쪽에 있습니다(주유소 뒷편). 이 박물관은 문자 그대로 지질 박물관입니다. 여러 가지 광석, 수정, 진귀한 돌들, 특별한 월석(moon rocks), 건축 자료로 사용되는 갖가지의 돌들을 구경할 수 있는데 입장료는 받지 않습니다.

6. 군사 박물관

모하메드 알리 모스크 근처에 있습니다. 1947년 현재의 위치에서 개관하였으며, 이 박물관에는 여러 가지 군사장비들을 관람할 수 있습니다. 고대 애굽 시대부터 현대에 이르기까지 갖가지 군사장비 그리고 전쟁에 관한 그림들, 군사용 지도, 투탄크아문 왕이 타던 전차 등을 소장하고 있는 박물관입니다.

7. Manial Palace Museum

Manial Palace 호텔 경내에 있습니다. 1901년 애굽의 마지막 왕이었던 King Farouk의 삼촌인 모하메드 알리를 위하여 세워진 박물관이라고 합니다. 이 박물관은 대여섯 군데의 별관으로 나누어져 있습니다. 그중에서 가장 볼 만한 곳은 사냥 박물관(Hunting Museum)과 모하메드 알리의 개인 박물관(Private Museum)이라고 할 수 있겠습니다.

8. 밀초 박물관

헬완 전차역 종점 근처에 있습니다. 그리 크지 않은 작은 규모의 박물관입니다. 이름 그대로 이 박물관은 밀초로 모형들을 만들어 놓은 밀초 박물관입니다. 1933년 Foad Abdel Malek에 의하여 설립된 박물관입니다. 이 박물관 내에 가서 보면 요셉이 감옥에 갇혀 있는 모습, 모세를 강에서 건져내는 모습, 아케나텐 왕과 그의 가족들이 태양신을 숭배하고 있는 모습 그리고 클레오파트라 여왕, 가말 압델 낫셀의 혁명, 기타 등등 모두가 밀초로 만들어 놓은 모습입니다. 특이한 박물관이라고 할 수 있습니다.

참고문헌

문숙영, 《아랍》, 열어당, 1976.
박윤선, 《성경주석 출애굽기》, 영음사, 1975.
C.W. 세람 저 안경숙 역, 《낭만적인 고고학 산책》, 평단문화사, 1985.
장일선, 《구약성경 시대의 역사 기록》, 한국신학연구소, 1984.
A.C.Black & W.W.Norton, *Blue Guide Egypt*, 1984.
Ahmed Fakry, *Siwa Oasis*, Auc Press Cairo, 1990.
Alan W.Shorter, *The Egyptian Gods*, Routledge & Kegan Paul, 1979.
Britta Charleston, *Egyptian Museum Cairo*, Nubar Printion House, Cairo, 1986.
Cassandra Vivian, Alamein IPL Cairo, 1992.
_____, *Oases and Western Desert in Egypt*, Cairo, 1990.
Charles F. Aling, *Egypt and Bible History, from Earliest Time to 1000 B.C*, Baker Book House, Grand Rapids, 1984.
Goptic Musem, *Egyptian Antiquities Organization,* Cairo, 1984.
Coptic Orthodox Monastery of the Holy Virgin St. Mary al-Muharraq, Asuit, Anba Reuiss Press, 1987.
Deborah Cowley, *Cairo a Practical Guide*, the American University in Cairo Press, 1988.
Dios Coros Antoney, *Coptic Orthodoz Monastery of St. Antony the Great,*

Amba Reuis Press, 1991.

Evangelos Papaioannou, *The Monastery of St. Catherine*, Japheth Press Ltd., 1976.

E.V.Lame, *Manners and Customs of the Modern Egyptians,* East West Publicalions, 1978.

Father Matta el-Meskeen, *Coptic Monasticism and the Monastery of St. Macarius,* 1984.

Henry Rida & Youssef Hanna Shehata, *Guide to the Alexandrian Monuments,* Nasr Misr Press, 1987.

I.E.S.Edwards, *The Pyramids of Egypt,* Penguin Books, England, 1979.

Jill Kamil, *Luxor,* Longman, 1981.

_____, *Sakkara,* Longaman, 1982.

John A. Wilson, *The Culture of Ancient Egypt,* University of Chicago Press, 1951.

John J. Davis, *Moses and the Gods of Egypt,* Baker Book House Grand Rapids, 1986.

Latif Doss & Asham Besada, *The Story of Abu Simbel,* Longman, 1981.

Lehnert and Landrock, *Egypt,* Kummerly & Frey, 1979.

_____, *World Travel Map Egypt,* John Barthomew Ltd., 1979.

Lichael Von Hagg, *Guide to Egypt,* Travelaid Publishing, London 1981.

Munir Basta, *Aswan,* Salt Lake City, 1987.

_____, *Old Coptic Churches, Fortress Babylon, Coptic*

_____, *Museum,* Salt Lake City, 1982.

_____, *The Temple of Komombo,* Salt Lake City, 1985.

Nancy Jenkins, *The Boat Beneath the Pyramid, King Cheops' Royal Ship*, Thames and Hudson, 1980.

Miqel Ryan, The Oases and Western Desert of Egypt Cassandra Vivian, 1990.

Otto F.A. Meinardus, *Christian Egypt Ancient and Moder*, AUC Press, 1970.

_____, *Chirstian Egypt Faith and Life*, AUC Press, 1970.

_____, *The Holy Family in Egypt*, AUC Press, 1986.

Philipp Von Zabern, *The Egyptian Museum Cairo, Organization of Egyptian Antiquities*, 1987.

Raouf Habib, *Mataria and the Virgin Tree*, Mahabba Bookshop, 1986.

_____, *The Contribution of Ancient Egypt in Coptic Art*, Mahabba Bookshop, 1986.

Shafik Farid, *The Pyramids of Giza*, Salt Lake City, 1982.

_____, *The Temple of Edfu*, Salt Lake City, 1985.

_____, *The Themple of Karnak*, Salt Lake City, 1982.

_____, *The Themple of Queen Hatshepsut*, Salt Lake City, 1983.

Samuel Sharpe, *The History of Egypt*, Vol. I., Bell and Daldy, London, 1970.

Statistical Year Book of A.R.E., *Central Agency for Public Mobilization and Statistics*, Cairo, 1982.

Wener Keller, *The Bible as History, Bantan Books*, New York, 1988.

W.H.Gispen, *Exodus*, Zondervan Publishing House, Grand Rapids, 1982.

| 판 권 |
| 소 유 |

애굽의 성경 역사 및 고대 유적지 안내서
성지순례 이집트

2010년 4월 5일 인쇄
2010년 4월 10일 발행

지은이 | 이준교
발행인 | 이형규
발행처 | 쿰란출판사

주소 | 서울 종로구 이화동 184-3
TEL | 02-745-1007, 745-1301, 747-1212, 743-1300
영업부 | 02-747-1004, FAX / 02-745-8490
본사평생전화번호 | 0502-756-1004
홈페이지 | http://www.qumran.co.kr
E-mail | qumran@hitel.net
E-mail | qumran@paran.com
한글인터넷주소 | 쿰란, 쿰란출판사

등록 | 제1-670호(1988.2.27)

책임교열 | 이화정 · 오완

값 10,000 원

ISBN 978-89-5922-908-6 93230

* 이 출판물은 저작권법에 의해 보호를 받는 저작물이므로 무단 복제할 수 없습니다.
* 잘못된 책은 교환해 드립니다.